Sabine Seyffert
Entspannte Kinder lernen besser

Sabine Seyffert

Entspannte Kinder lernen besser

Wie Eltern ihre Kinder
vom Schulstress befreien können

Mit vielen Übungen und Tipps
für Grundschulkinder

Bibliografische Information der Deutschen Nationalbibliothek
Die Deutsche Nationalbibliothek verzeichnet diese Publikation in der Deutschen
Nationalbibliografie; detaillierte bibliografische Daten sind im Internet über
http://dnb.ddb.de abrufbar.

ISBN 978-3-86910-619-9

Dieses Buch gibt es auch als E-Book:
ISBN PDF 9/8-3-86910-747 9

Die Autorin: Sabine Seyffert ist staatlich anerkannte Erzieherin, Entspannungspädagogin und psychologische Beraterin. Sie führt eine Praxis für Entspannungspädagogik und bietet seit über zehn Jahren Kurse, Aus- und Fortbildungen an. Sie
zählt zu den renommiertesten Experten für Kinderentspannung.

Originalausgabe

© 2011 humboldt
Eine Marke der Schlüterschen Verlagsgesellschaft mbH & Co. KG,
Hans-Böckler-Allee 7, 30173 Hannover
www.schluetersche.de
www.humboldt.de

Lektorat: Angelika Lenz, Steinheim a. d. Murr
Covergestaltung: DSP Zeitgeist GmbH, Ettlingen
Innengestaltung: akuSatz Andrea Kunkel, Stuttgart
Titelfoto: Gladskikh Tatiana /shutterstock
Satz: PER Medien+Marketing GmbH, Braunschweig
Druck: Grafisches Centrum Cuno GmbH & Co. KG, Calbe

Hergestellt in Deutschland.
Gedruckt auf Papier aus nachhaltiger Forstwirtschaft.

Inhalt

Hinweis

Kursiv gesetzte Textstellen weisen in den einzelnen Übungen, Massagen oder Fantasiereisen darauf hin, dass diese Passagen dem Kind vorgesprochen oder vorgelesen werden.

Vorwort

In meinen Entspannungskursen, Fortbildungsseminaren und Veranstaltungen zum Autogenen Training höre ich von vielen Eltern sowie Pädagoginnen und Pädagogen, dass Kinder zunehmend unter Konzentrationsschwierigkeiten und Schulängsten leiden. Viele fragen mich nach Wegen und Möglichkeiten, wie sie die Kinder beim Lernen hilfreich unterstützen und ihnen die Ängste vor anstehenden Klassenarbeiten, einer gefährdeten Versetzung und ähnlichen Dingen nehmen können.

Da ich in meinen Kursen bisher mit Entspannungsübungen, Fantasiereisen und Konzentrationsübungen sehr positive und gute Erfahrungen gemacht habe, möchte ich Ihnen in diesem Buch einfache Übungen zeigen, die den Kindern ein entspanntes, freudiges Lernen ohne Stress ermöglichen.

Gerade in unserer heutigen Zeit und einem hektischen, fordernden Schulalltag wird es zunehmend wichtiger, dass wir den Kindern gangbare Wege aufzeigen, wie sie **entspannt lernen** können. Denn unsere sehr leistungsorientierte Gesellschaft sowie die Bedingungen in der Schule, die sich erheblich zum Nachteil verändert haben, fordern unsere Kinder so sehr wie nie zuvor. Viele erleben bereits im Kindergartenalter Stress. Viel zu oft zählt nur die erbrachte Leistung und häufig macht man sich nicht die Mühe, den Hintergrund zu erforschen, wieso ein Kind diese Leistung nicht erbringen konnte. Betrachtet man unter diesem Aspekt auch einmal den Alltag der Familien, der sich im Laufe der letzten Jahre stark verändert hat, weil immer mehr Familien getrennt leben oder beide Elternteile ganztags berufstätig sind, wird ganz deutlich: Unsere Kinder brauchen Hilfe.

Die Klassen werden wieder größer und eine Zahl von etwa 30 Schülern ist nicht die Ausnahme, sondern die Regel. Die Kinder aber haben in derart großen Gruppen häufig Probleme, sich durchzusetzen, sich erfolgreich zu behaupten und dem Unterricht aufmerksam und konzentriert zu folgen – es sind einfach zu viele Mitschüler im Raum. Die Geräuschkulisse im Klassenzimmer ist entsprechend hoch und die Lehrer und Lehrerinnen haben unter diesen Umständen überhaupt nicht die Möglichkeit, gezielt auf jeden Einzelnen mit seinen Fragen und Problemen einzugehen oder individuelle Hilfestellung zu leisten.

Und zu Hause beginnt dann meist der Kampf um die Hausaufgaben. Die Kinder sind müde und unkonzentriert. Sicher kennen Sie als Eltern diese Situation nur allzu gut. Selbst einfache Aufgaben werden mit zahlreichen Flüchtigkeitsfehlern gelöst, weil den Kindern einfach die nötige Aufmerksamkeit fehlt.

Aus diesen Gründen halte ich es für außerordentlich wichtig und sinnvoll, den Kindern und insbesondere Ihnen als Eltern zu zeigen, wie die Kinder durch einfache Übungen zurück zu ihrer inneren Ruhe finden, abschalten und entspannen können und somit neue Kraft und Energien für ihren stressigen Schulalltag sammeln können. Denn eine entspannte, harmonische Atmosphäre und innere Ausgeglichenheit sind die Voraussetzung dafür, dass die Kinder aufmerksam und konzentriert arbeiten können. Zudem fördern diese Dinge die natürliche Lernbereitschaft der Kinder, die sie in aller Regel ja schon in sich tragen.

Auf diesem Weg zum entspannten Lernen ohne Stress wünsche ich allen Kindern und natürlich auch Ihnen als Eltern alles Gute und viel Erfolg. Insbesondere wünsche ich allen kleinen Abc-Schützen einen gelungenen Schulstart und viel Freude während der gesamten Schulzeit!

Ihre
Sabine Seyffert

Einführung

Die Übungen und Spielaktionen in diesem Buch sind einfach und ohne großen Aufwand durchzuführen. In der Fülle der verschiedenen Ideen und Angebote finden Sie mit Sicherheit auch Anregungen, die genau für Ihr Kind oder Ihre Kinder passend sind. Doch auch eine ansprechende Umgebung ist wichtig, damit sie optimal entspannen und lernen können.

Der Umgang mit diesem Buch

Die in diesem Buch enthaltenen Übungen, Geschichten und Aktionen lassen sich mit Kindern etwa ab dem Vorschulalter durchführen. Zum Beispiel zu Hause, und zwar vor den Hausaufgaben oder vor dem Lernen für eine anstehende Klassenarbeit. Wenn die Kinder mit den Übungen vertraut sind, können sie sie dann auch eigenständig und ohne fremde Hilfe in der Schule machen, während des Unterrichts, vor einer Klassenarbeit oder einfach dann, wenn die Aufmerksamkeit und Konzentration nachlässt.

Die Übungen sind in verschiedene Kapitel eingeteilt, denen jeweils eine kleine theoretische Einleitung vorangestellt ist. Darin erfahren Sie als Eltern, wieso gerade diese Übungen von Bedeutung sind und bei welchen Problemen Ihres Kindes sich diese am besten einsetzen und durchführen lassen. Natürlich ist jedes Kind eine eigenständige Persönlichkeit mit speziellen Vorlieben und Vorstellungen. Und sicher gibt es in diesem Buch auch Übungen, die nicht zu Ihrem Kind oder Ihrem Alltag passen. Doch unter der Vielzahl von Ideen wird mit Sicherheit auch allerhand für genau Ihr Kind dabei sein. Verschaffen Sie sich einfach einen Überblick, blättern Sie ein bisschen und treffen Sie dann eine Auswahl. Sie müssen natürlich nicht alle Übungen und Aktionen durchführen – es sind nur Angebote. Viele Übungen können Sie übrigens auch problemlos abändern und nach Ihren Vorstellungen gestalten.

Sie müssen nicht alle Übungen machen – suchen Sie sich die aus, die am besten zu Ihrem Kind und der Situation passen.

In der Regel sind die Übungen und Geschichten so angelegt, dass Sie diese mit Ihrem Kind allein zu Hause durchführen können. Da reicht es vollkommen aus, wenn Sie als Elternteil den „zweiten Mitspieler" abgeben. Für einige wenige Übungen braucht man jedoch mehr Mitspieler als nur ein einziges Kind; in diesen Fällen ist eine Mindestteilnehmerzahl angegeben. Solche Übungen können Sie dann beispielsweise anbieten, wenn Ihr Kind Besuch hat, oder selbstverständlich auch bei Kindergeburtstagen oder anderen Anlässen, wenn Sie die Konzentration Ihrer kleinen Gäste spielerisch etwas fördern möchten. Außerdem erfahren Sie am Anfang der Übungen und Aktionen, welches Material Sie dafür benötigen. Findet sich keine Angabe zum Material, brauchen Sie nichts weiter zur Durchführung. Es wurde großen Wert darauf gelegt, dass man möglichst gar kein Zusatzmaterial braucht, damit die Übungen einfach umsetzbar sind und der Geldbeutel geschont wird. Wenn dennoch Material notwendig ist, sind es überwiegend solche Dinge, die man in jedem Haushalt beziehungsweise Kinderzimmer findet.

Auf diese Weise können Sie sich stets ganz schnell einen Gesamtüberblick verschaffen, wenn Sie mit Ihrem Kind oder mehreren Kindern eine der Übungen durchführen möchten.

Der ideale Ort zum Lernen

Der ideale Ort zum Lernen sollte so gestaltet sein, dass Ihr Kind eine **freie Fläche** an einem Schreibtisch zur Verfügung hat, an dem es seine Aufgaben in aller Ruhe erledigen kann. Denn ein vollgestellter, beladener Tisch lenkt das Kind nur unnötig ab, weil dem Auge zu viele Reize geboten werden. Außerdem kann es seine benötigten Materialien nicht ausbreiten, wenn schon zu viele andere Dinge auf dem Tisch herumliegen. So verliert das Kind den Überblick.

Ermöglichen Sie Ihrem Kind die **Ruhe**, die es zum Lernen benötigt, und akzeptieren Sie, wenn es alleine gelassen werden will, um seine Aufgaben zu erledigen. Viele Lehrer bitten die Eltern sogar, nicht bei den Hausaufgaben zu helfen. Nur so haben sie einen Überblick, ob das Kind alles verstanden hat und ob das Pensum der Aufgaben dem Können und Wissensstand des Kindes angemessen ist.

Auch Geschwisterkinder sollten sich während der Hausaufgabenzeit nicht im Zimmer des Schulkinds aufhalten. Denn ständiger Lärmpegel oder unnötige Unterbrechungen reißen Ihr Kind aus der Konzentration.

Das Zimmer sollte vor dem Lernen oder Erledigen der Hausaufgaben stets **gut gelüftet** werden, denn schlechte, stickige Luft hemmt die Aufnahmefähigkeit und mindert so die nötige Konzentration beim Lernen!

Sinnvoll ist es, wenn Ihr Kind einen **konstanten Arbeitsplatz** hat, an dem es seine Aufgaben erledigen kann, und dieser nicht von Tag zu Tag wechselt. Vielleicht überlegen Sie gemeinsam mit Ihrem Kind, welcher Platz sich für die Hausaufgaben und zum Lernen am besten eignet, und erörtern auch die Gründe, die dafür sprechen. Richten Sie diesen Platz dann mit einem entsprechenden Tisch, Stuhl sowie einer Lichtquelle ein, damit er Ihrem Kind zur Gewohnheit wird.

Der Schreibtisch sollte so stehen, dass **genug Licht** auf ihn fällt. Denn Dämmerlicht oder zu wenig Lichteinfall strengt die Augen zu sehr an. Auch dies kann die Konzentration beim Lernen erheblich beeinträchtigen. Können Sie den Schreibtisch nicht an ein Fenster stellen, sollten Sie dafür sorgen, dass am Tisch eine geeignete Schreibtischlampe angebracht ist, die den Arbeitsplatz ausreichend gut beleuchtet. Ebenso wichtig wie das Licht ist auch die **passende, bequeme Sitzmöglichkeit**. Ihr Kind sollte keine Verrenkungen machen müssen, um am Tisch gut schreiben oder lesen zu können. Am besten eignen sich Schreibtischstühle für Kinder, deren Sitzhöhe und Rückenlehne sich der Größe entsprechend verstellen und anpassen lassen. Sie beugen auch Haltungsschäden im Kindesalter vor.

Ganz wichtig ist außerdem, dass Ihr Kind sich an diesem Ort **wohlfühlt**. In behaglicher Atmosphäre lernt es sich einfach besser, schneller und leichter. Motivieren Sie Ihr Kind, eigene Ideen und Vorstellungen miteinzubringen: Wie soll der ideale Ort für die Hausaufgaben beschaffen sein? Versuchen Sie mit geeigneten, pfiffigen Utensilien, diesen Ort wirklich **einladend** zu gestalten, damit sich Ihr Kind auch gerne dort aufhält und ihn entsprechend nutzen kann.

Nützliche Dinge für den Schreibtisch

- Eine stapelbare Ablage für Collegeblöcke, Kopien, Schnellhefter und ähnliche Dinge
- Ein Stifteköcher, damit die Stifte ordentlich aufgeräumt und allzeit griffbereit sind
- Eine Pinnwand für wichtige Notizen, Infos und dergleichen
- Einen bunt (und selbst) gestalteten Stundenplan oder Wochenplan zur Übersicht
- Für Kinder geeignetes Lernmaterial wie beispielsweise Rechenschieber, Lernkartei und Ähnliches
- Nützliche Schreibtischutensilien wie Locher, Anspitzer, Radiergummi, Kleber, Schere etc.
- Ein Papierkorb für alte Schmierzettel und anderen Abfall
- Ein kleines Regal oder Ähnliches, das Schulbücher, Lexika, Lernhefte usw. stets griffbereit hält

Der ideale Ort zum Entspannen

Wenn Sie mit Ihrem Kind eine der in diesem Buch vorgestellten Entspannungsübungen, Meditationen oder Fantasiereisen durchführen möchten, sollten Sie unbedingt
für absolute Ruhe sorgen und ein Schild mit der Aufschrift
„Bitte nicht stören!" an die Türe hängen. Schaffen Sie sich
und vor allen Dingen Ihrem Kind freien Platz am Boden.
Im Kinderzimmer oder einem anderen Raum in der Wohnung kann Ihr Kind diese Übungen im Liegen auf einem
sauberen Teppich, einer Decke oder auf dem Bett machen.
Für Ihr Kind ist es sicherlich am gemütlichsten, wenn ihm
ein kleines Kissen und eventuell eine Decke zum Hinein-
kuscheln zur Verfügung stehen. Achten Sie aus diesem
Grund auch auf einen wohltemperierten Raum. Denn nur
dann, wenn es nicht zu kalt ist und Ihr Kind nicht friert,
kann es sich in die Entspannung fallen lassen und wirklich
einen Moment lang abschalten.

Wie die Entspannungsübungen durchgeführt werden

Legt Ihr Kind sich während der Übungen auf den Boden,
sollte es nach Möglichkeit ganz gerade auf dem Rücken liegen, sodass die Beine etwa hüftbreit auf dem Boden liegen, die Fußspitzen leicht nach außen fallen und die Arme
rechts und links neben dem Oberkörper liegen. Dabei sind
die Hände geöffnet, sodass die Handinnenflächen guten

Bodenkontakt haben. Im Liegen fällt es dem Körper meist wesentlich leichter zu entspannen, weil er diese Haltung von der Nacht beziehungsweise dem Schlafen her kennt. Es kann vorkommen, dass manche Kinder sich erst an diese Übungshaltung gewöhnen müssen. Zeigen Sie einfach vor jeder Übung, die sie gemeinsam durchführen, welche Übungshaltung ideal ist. So wird sich Ihr Kind schnell daran gewöhnen.

Beim Üben sollte Ihr Kind die Augen geschlossen halten, damit es besser in die Übung hineinfindet und durch nichts anderes abgelenkt wird. Sollte Ihr Kind Probleme damit haben, seine Augen zu schließen oder geschlossen zu halten, so bitten Sie es einfach, sich einen Punkt an der Decke zu suchen, den es während der Übung fixiert. Sicherlich werden Ihrem Kind die Augen dann nach einer Weile von ganz alleine zufallen.

Wenn Ihr Kind mit den Übungen bereits Erfahrungen gesammelt hat, können die Übungen zum Teil auch im Sitzen gemacht werden. Ihr Kind bleibt dabei einfach auf seinem Stuhl sitzen, verschränkt am besten seine Arme auf dem Tisch und legt seinen Kopf dann auf dieses „Armkissen". So wird es durch nichts mehr abgelenkt und kann ganz ungestört der Übungsanweisung folgen.

Zu guter Letzt ist es noch wichtig, dass Sie sich Zeit nehmen und derartige Ideen nicht mal eben schnell zwischen Tür und Angel praktizieren. Zum einen signalisieren Sie so, dass Sie für Ihr Kind da sind und sich Zeit nehmen. Und zum anderen wollen Sie Ihrem Kind durch diese Anregungen, Spiele etc. auch vermitteln, wie wichtig ausreichende Pausen, Ruhe und Entspannung sind. Dies sollten Sie als Eltern Ihrem Kind als gutes Vorbild vorleben und nicht den Druck, der ohnehin schon auf dem Kind lastet, noch erhöhen.

Nehmen Sie sich viel Zeit für die Übungen und gehen Sie sie ganz gelassen an.

Gehen Sie diese Übungen und Spielideen wirklich gelassen an. Wenn es mal nicht klappt, ist dies nicht weiter schlimm. Misserfolg gehört nun mal zum Leben, wie der Erfolg, auch wenn man diesen natürlich lieber erlebt! Ein Olympiasieger oder Hochleistungssportler erbringt auch nicht täglich – und schon gar nicht auf Knopfdruck – jedes Mal Höchstleistung oder stellt gar einen neuen Weltrekord auf.

Außerdem ist noch kein Meister vom Himmel gefallen. Schließlich machen Sie sich als Eltern ja Gedanken, sonst hätten Sie dieses Buch nicht in den Händen. Und Ihr Kind wird es allein schon genießen, dass Sie Zeit zusammen verbringen und aktiv mit daran arbeiten, mehr Ruhe in den Alltag zu bringen. Denken auch Sie stets daran: „In der Ruhe liegt die Kraft!"

Entspannen nach Plan

Hier noch ein kleiner Tipp, wie Sie und Ihr Kind kontrollieren können, ob es auch wirklich jeden Tag eine Ruhephase eingelegt hat: Führen Sie eine Art Stundenplan zum Entspannen!

Dazu erstellen Sie einen selbst entworfenen Plan in Tabellenform, den Ihr Kind ganz nach seinen eigenen Wünschen gestalten und ausschmücken kann. Dieser Plan enthält von Montag bis Freitag alle Tage, an denen das Kind in die Schule geht. Darunter befinden sich freie Kästchen, die es zu füllen gilt. Hat Ihr Sohn oder Ihre Tochter beispielsweise am Montagnachmittag eine gezielte Entspannung wie eine Fantasiereise oder Massage durchgeführt, malt er oder sie ein Kreuz in das Kästchen.

So haben Sie beide jederzeit im Blick, ob sich das Kind am jeweiligen Tag auch wirklich eine Auszeit vom Alltagsstress gegönnt hat. Und wenn nicht, sollte sich das in Zukunft ändern!

1+1=

Ich freu mich auf die Schule!

Mit großer Spannung und Freude erwarten die meisten Kinder ihren ersten Schultag. Jetzt sind sie keine Kindergartenkinder mehr, sondern gehören endlich zu den „Großen"! Damit ihre Erwartungen nicht enttäuscht werden und die Schulzeit ein voller Erfolg wird, ist es ganz wichtig, sie auf diesen neuen Lebensabschnitt vorzubereiten.

Tipps für einen gelungenen Schulstart

Leider nimmt die Zahl der Kinder, die Angst vor der Schule haben, zu. Dabei macht Schule doch Spaß! Und wer gerne zur Schule geht, wird auch Freude am Lernen haben und erfahrungsgemäß keine größeren Probleme bei Klassenarbeiten oder den Hausaufgaben bekommen. Denn mit Spaß und Freude geht einem alles leichter von der Hand. Angst dagegen blockiert und nimmt die Bereitschaft, Neues zu entdecken und zu erforschen, sowie die Neugier, mehr wissen zu wollen!

Aus diesem Grunde ist es ganz hilfreich und wichtig, dass Sie Ihr Kind auf die Schule vorbereiten und ihm Zweifel, etwaige Ängste und Sorgen nehmen. Denn ist der Start erst einmal gut geglückt, ist ein wichtiger Grundstein für zukünftigen Schulerfolg gelegt.

Daher bekommen Sie zu Anfang einige Tipps und Ideen mit auf den Weg, die in Ihrem Kind die Freude auf den Schulstart wecken und dafür sorgen, dass es auch weiterhin gern zur Schule geht. Natürlich ist jeder Familienalltag anders geregelt und auch die Schulen unterscheiden sich zum Teil sehr. Doch bei der Fülle an Ideen und Vorschlägen finden Sie bestimmt das ein oder andere, das Ihnen für Ihre spezielle Situation passend scheint.

Vorschulprogramme

Das letzte Kindergartenjahr hat begonnen und somit für Ihr Kind die Zeit als „Maxikind" oder „Kindergartenriese" oder wie auch immer die Vorschulkinder in der Einrichtung genannt werden. Ein spannendes Jahr, in dem es aber auch heißt, die Kinder entsprechend zu fördern, damit keine Langeweile aufkommt. In den meisten Einrichtungen gibt es spezielle Vorschulprogramme, in denen die Kinder schon auf die Grundschule vorbereitet werden, um die Vorfreude zu wecken, aber auch um die Kinder in wichtigen Dingen wie Stillsitzen und Zuhören, Verkehrserziehung sowie bedeutsamen motorischen Fähigkeiten wie Schneiden mit der Schere, Zeichnen mit Stiften usw. zu schulen.

Ein Besuch in der Grundschule

Viele Kindergärten folgen den Einladungen von Grundschulen und statten diesen vorab einen Besuch ab, bei dem die Vorschulkinder am Vormittagsgeschehen und Unterricht teilnehmen können. So lernen sie einige Grundschulen der näheren Umgebung kennen und gewinnen einen ersten Eindruck.

Sollte der Kindergarten, den Ihr Kind besucht, nicht mit Grundschulen der Umgebung zusammenarbeiten, wird es sicher auch so möglich sein, die von Ihnen favorisierte Grundschule zu besichtigen. Sprechen Sie mit dem Sekretariat, dem zuständigen Lehrer oder dem Direktor, um einen Unterrichtsbesuch abzusprechen. Vielleicht haben Sie auch Bekannte mit älteren Geschwisterkindern oder kennen Kinder aus der Nachbarschaft, über die Sie den Kontakt herstellen können.

Wenn Sie Glück haben, findet vor dem Schulstart ein Kennenlerntag statt, an dem die Kinder ihre Mitschüler und den Klassenlehrer kennenlernen. Das nimmt schon mal die erste Angst und beantwortet die entscheidende Frage, ob der beste Freund beziehungsweise die beste Freundin auch wirklich in dieselbe Klasse kommt. So gewinnen die Kinder einen ersten Eindruck und

Beim Kennenlerntag kann der zukünftige Abc-Schütze schon mal den Klassenlehrer und die Mitschüler beschnuppern.

können beruhigt in die großen Ferien starten oder die letzten Wochen im Kindergarten verbringen.

Die meisten Schulen organisieren einmal im Jahr ein großes Schulfest. Gehen Sie mit Ihrem Kind hin und genießen Sie die ausgelassene Atmosphäre. So kann Ihr Kind erleben, dass Schule auch großen Spaß macht!

Einige Schulen veranstalten zum Jahresende auch ein Martinsfest oder einen Laternenumzug, vielleicht sogar einen Kindersachenflohmarkt oder Weihnachtsbasar. Nutzen Sie solche Events, damit die zukünftige Grundschule Ihrem Kind vertraut wird und es neugierig auf mehr macht!

Große Paten für kleine Schulanfänger

Immer mehr Schulen haben mittlerweile große „Paten" für Schulneulinge, die gerade den Erstklässlern viel Sicherheit geben. Solche Paten kommen in der Regel aus der 4. Klasse und sind sozusagen „alte Hasen", die sich an der Grundschule gut auskennen. Diese Paten zeigen den neuen Kindern das Schulgebäude, sind auch in den Pausen Ansprechpartner und helfen dabei, dass der Einstieg leichter wird. Denn mit einem großen Helfer an der Seite verfliegt die Angst recht schnell und der Neuling fühlt sich gut beschützt. Gerade in den ersten Schulwochen unternehmen die Paten meist allerhand und kümmern sich rührend um ihre kleinen Schützlinge.

Für ein gutes Miteinander

Schule bedeutet nicht immer nur lernen, lernen, lernen und reichlich Stress. Nein, der Schulalltag kann auch Spaß machen. Vor allen Dingen dann, wenn Wert auf ein gutes, harmonisches Miteinander gelegt wird. Je vertrauter alle miteinander sind und je besser sie sich untereinander kennen, desto offener werden die Kinder sein und desto mutiger werden sie auftreten. Denn fühlen sie sich gut aufgehoben und können sich auch leichter öffnen, Dinge annehmen, Probleme lösen, Sorgen ansprechen und im Unterricht mitarbeiten.

Auf eine solche Gemeinschaft wird an den meisten Grundschulen wirklich viel Wert gelegt. Falls nicht, bringen Sie doch auf dem Elternabend einfach mal ein paar Ideen für die Klasse ein, wie beispielsweise ein gemeinsamer, von den Eltern geplanter und organisierter Grillabend, ein lustiger Spielnachmittag in der Turnhalle, eine Schnitzel-

Bei Schnitzeljagd und Schulrallye, beim Grillen oder Plätzchenbacken kommt man sich schnell näher.

jagd, eine Stadt- oder Schulrallye mit allen Eltern und Geschwisterkindern oder gemeinsames Plätzchenbacken.

Solche Aktivitäten sind für Sie als Eltern auch toll, da Sie so die Gelegenheit haben, mit anderen Eltern ins Gespräch zu kommen sowie die Mitschüler Ihres Kindes persönlich kennenzulernen.

Vorfreude ist die schönste Freude

Nach dem Motto „Vorfreude ist die schönste Freude" können Sie mit Ihrem Kind ganz feierlich gemeinsam ein Motiv für die Schultüte austüfteln. Oder zusammen bei einem gemütlichen Stadtbummel Schulranzen, Federmäppchen sowie alle anderen notwendigen Schulutensilien aussuchen.

Achten Sie darauf, dass Sie dieser Aktion auch wirklich Zeit widmen und alle Hektik außen vor lassen. Dann kann Ihr Kind auch mit Freude dabei sein, und eventuell ist dies ja auch die Gelegenheit, dass Ihr Kind Bedenken oder Sorgen bezüglich der Schule äußert, die Sie dann in aller Ruhe thematisieren oder aus dem Weg räumen können.

Von früher erzählen

Wie war es damals? Es ist doch einfach herrlich, über alte Zeiten zu plaudern und in Erinnerungen zu schwelgen! Auch Kinder sind dafür immer offen. Machen Sie es sich mit Kakao und leckeren Keksen auf dem Sofa bequem. Möglicherweise haben Sie ja noch alte Bilder von Ihrer Einschulung oder Schulzeit. Manchmal entdeckt man in der Tageszeitung

Beim Betrachten eines alten Klassenfotos kommen Oma oder Opa ins Plaudern.

sogar durch Zufall ein Klassenfoto von Oma oder Opa. So etwas ist natürlich ein echtes Highlight – denn auch die Großeltern sind mal zur Schule gegangen …

Erzählen Sie Ihrem Kind (aber bitte ehrlich!), wie Sie sich während der Schulzeit gefühlt haben. Bestimmt gab es lustige Erlebnisse bei der Einschulung, auf Klassenfahrten und dergleichen. Auch dies wird bei Ihrem Kind die Vorfreude auf die bevorstehende Einschulung wecken!

Der Schulweg will geübt sein

Machen Sie Ihrem Kind den Schulweg schmackhaft und üben Sie ihn mit dem Kind spielerisch und vor allem unter dem Aspekt Verkehrssicherheit ein. Wo und wie wird die Straße überquert, wo gibt es Ampeln, wie lange dauert der Weg zur Schule … Je öfter Sie diesen Weg vorab gemeinsam gehen, desto leichter fällt es Ihrem Kind dann, ihn nach dem Schulstart bald auch allein oder mit einem Klassenkameraden zusammen zurückzulegen.

Auch Sie werden dadurch Bedenken verlieren, da Sie dabei einen guten Eindruck davon bekommen, wie verkehrstauglich und sicher Ihr Kind im Straßenverkehr ist.

Lernen kann man immer und überall

Besuchen Sie mit Ihrem Kind regelmäßig eine Bücherei, um so die Lust auf das Lesenlernen zu wecken. Es gibt dort sowie im Buchhandel tolle Erstlesebücher, die Ihr Kind mit Ihrer Hilfe auch schon im Vorschulalter lesen kann. Darin sind bestimmte Wörter durch Bilder ersetzt und diese Begriffe kann Ihr Kind dann „lesen".

Fördern Sie die kindliche Neugier und Wissbegierde auf spielerische Art und Weise: Schreiben oder malen Sie etwa mit Ihrem Kind den Einkaufszettel. Oder welchen Preis hat die Schokolade – kann Ihr Kind auf den Preisetiketten schon Zahlen erkennen?

Oder Tante Sigrid schickt eine Urlaubskarte – woher kommt die? Und wo liegt das? Schauen Sie gemeinsam im Atlas nach, wo genau dieser Urlaubsort liegt, wie weit er weg ist und forschen Sie im Internet, was für Sehenswürdigkeiten es an diesem Urlaubsziel gibt! Ihr Kind soll

Woher stammt die Urlaubskarte? Schnell auf dem Atlas nachgeschaut und im Internet recherchiert.

dieses Nachforschen als etwas ganz Selbstverständliches erleben, dann wird es später auch in der Schule keine Blockaden haben.

Hurra, Lernen macht Spaß!

Kinder sind von Haus aus neugierig und wissbegierig. Diese Freude am Lernen und Horizonterweitern gilt es zu wecken und dann auch zu bewahren. Mit den spielerischen Übungen in diesem Kapitel, die Ihr Kind gar nicht als Lernaufgaben wahrnimmt, gelingt Ihnen dies mühelos.

Spielerisch nebenbei lernen

Lernen macht wirklich großen Spaß – und ist das Kind erst einmal mit Freude dabei, werden selbst die lästigen Hausaufgaben schnell zum Vergnügen. Sie müssen nur die natürliche Neugier des Kindes und seinen Wissensdurst wecken – und die sind ja von Natur aus schon da. Sie müssen nur aufpassen, dass sie durch negative Erfahrungen nicht zunichte gemacht werden.

Auf der einen Seite gibt es mittlerweile wirklich pfiffige Lernspiele als Brett- oder Dosenspiele sowie auch interessante Lernspiele für den Computer. Dies sind sicherlich lohnenswerte Geschenkideen für den Geburtstag, die Einschulung oder Weihnachten. Aber um Spaß am Lernen zu gewinnen, muss man nicht zwingend Geld ausgeben. Das

Schöne daran ist: Lernen kann man nicht nur in der Schule oder am Schreibtisch. Beim Einkaufen, auf dem Spielplatz, während der Busfahrt, im Wartezimmer beim Kinderarzt, im Urlaub – überall gibt es Gelegenheit, etwas Neues zu lernen. Ist kein Zwang dahinter und „verpackt" man das Lernen kindgerecht und spielerisch, werden die Kinder sofort mit Begeisterung dabei sein. Lassen Sie dabei den Begriff „Lernen" sicherheitshalber außen vor, sonst besteht gerade bei Kindern mit Lernschwierigkeiten und Lernblockaden die Gefahr, dass ihnen von vornherein die Lust vergeht.

Es gibt immer und überall Gelegenheit, was Neues zu lernen, beileibe nicht nur in der Schule.

Je jünger Ihr Kind ist, desto spielerischer können Sie das Lernen gestalten. Dazu gehört weder hochtrabendes Fachwissen noch pädagogische Kenntnis. Anhand der in diesem Kapitel vorgestellten Ideen werden Ihnen mit Sicherheit auch selbst viele Situationen im Alltag einfallen, in denen Sie die Aufmerksamkeit Ihres Kindes fesseln und eine Lerneinheit einbauen können.

Lernspaß rund um Buchstaben

Apfel beginnt mit A

Was Sie dafür brauchen: Dinge, die man in jedem Haushalt beziehungsweise Kinderzimmer findet

Das Abc braucht man zum Lesen und Schreiben. Aber das oft stupide Schreiben desselben Buchstabens macht den

Kindern nicht immer Spaß. Um das Lernen interessant zu gestalten und damit Sie gleich erkennen, wie gut Ihr Kind das Erlernte umsetzen kann, stellen Sie ihm lustige Aufgaben: „Apfel beginnt mit A – was noch?"

Lassen Sie das Kind dann in den nächsten fünf Minuten im Kinderzimmer (oder in der gesamten Wohnung) Sachen, die allesamt mit dem Buchstaben A beginnen, zusammensuchen und anschließend in der Mitte des Kinderzimmers auf den Boden legen. Ist die Zeit um, schauen Sie gemeinsam alles durch. Fängt wirklich alles mit einem A an oder ist womöglich auch ein falscher Buchstabe zwischen die Sachen geraten?

Ein kleiner Tipp

Je nach den Fähigkeiten Ihres Kindes können Sie die Aufgaben erweitern oder erschweren, indem Sie etwa ein Zeitlimit setzen oder das Kind die gesammelten Sachen in alphabetischer Reihenfolge sortieren soll.

Mein Name ist Marie

Was Sie dafür brauchen: Gegenstände aus dem Kinderzimmer beziehungsweise der Wohnung

Um das Alphabet zu erlernen, braucht es Zeit. Je spielerischer und fantasievoller Sie das Lernen mit den vielen Buchstaben gestalten, desto mehr Freude wird Ihr Kind dabei haben.

Hier eine pfiffige Spielidee: Das Kind buchstabiert zunächst seinen Namen. Zu jedem der Buchstaben, die der Name enthält, muss anschließend im Kinderzimmer beziehungsweise in der ganzen Wohnung ein passender Gegenstand gesucht und gefunden werden, mit dem das Kind seinen Namen legen darf. Bei Marie könnte dies folgendermaßen aussehen:

- M: Mond
- A: Auto
- R: Rot
- I: Igel
- E: Ente

Marie hat auf ihrem Streifzug durch ihr Zimmer oder die Wohnung ihren gelben Einschlafmond aus dem Bett geholt, ein Auto aus der Spielzeugkiste ihres Bruders, einen roten Stift vom Schreibtisch, den Stoffigel vom Regal sowie die gelbe Quietscheente aus dem Bad.

Das kann man mit jedem Namen machen. Vielleicht haben Geschwisterkinder auch Lust, daraus ein Wettspiel zu machen: Wer hat seinen Namen als Erster aus verschiedenen Gegenständen gelegt? Wie sieht es mit dem Nachnamen aus – klappt es da auch? Wie heißen die Großeltern, Nachbarn usw.?

Das Gute daran ist, dass die Kinder in diesem lustigen Buchstabenspiel die einzelnen Buchstaben schnell lernen und vor allen Dingen natürlich auch, das Erlernte geschickt umzusetzen und zu übertragen!

Geschickt buchstabiert

Können die Kinder das Abc erst einmal, fällt ihnen das Buchstabieren oft nicht schwer. Aber klappt es auch andersherum, von hinten nach vorn?

Schulen Sie die Fähigkeit des Buchstabierens bei Ihrem Kind, indem Sie es Namen, Wörter und dergleichen nicht nur von vorn nach hintern buchstabieren lassen, sondern auch genau andersherum. Das ist ganz schön knifflig, aber wenn es das geschafft hat, hat es allen Grund, stolz auf sich zu sein!

Spielvariante

Was mit dem Abc klappt, geht natürlich auch mit Zahlen. Lassen Sie Ihr Kind entsprechend seinen Fähigkeiten alle gelernten Zahlen nicht nur von 1 bis 10 aufsagen, sondern auch rückwärts von 10 bis 1!

Ein kleiner Tipp

An einer Partie Rückwärtsbuchstabieren im Kreis der Familie nach dem Abendessen haben sicher auch größere Geschwister ihren Spaß.

Je mehr Sie diese Lernspiele in den Alltag und das normale Familiengeschehen einbauen, desto mehr wird das Lernen mit der Zeit zur Routine. Das ist für die Kinder etwas ganz anderes, als wenn sie sich gezielt zum Lernen an den Schreibtisch setzen.

Ich helfe dir und du hilfst mir

Was Sie dafür brauchen: Papier und Stifte

Die Hausaufgaben zu kontrollieren und falls nötig zu verbessern gehört zu den leidvollen Aufgaben von Eltern, und nicht selten kommt es darüber zum Streit. Schlagen Sie doch alternativ einfach mal vor, dass Ihr Kind Ihnen einen beliebigen Text aus der Lesefibel oder seinem Lieblingsbuch diktiert. Ist das Elterndiktat fertig, darf sich zur Abwechslung mal Ihr Kind an die Arbeit machen und schauen, ob Sie alles fehlerfrei geschrieben haben.

Zum einen freut sich Ihr Kind sicher diebisch darüber, dass es auch mal Lehrer spielen darf, und zum anderen ist es für das Kind eine prima Übung, um Fehler zu erkennen und zu verbessern. Vielleicht bauen Sie hier und da extra ein paar Fehler ein, damit Ihr Kind auch ein Erfolgserlebnis hat und korrigieren darf!

Quatschdiktat

Was Sie dafür brauchen: Papier und Stifte

Lachen macht Spaß und vertreibt schlechte Laune. Also warum nicht mal mithilfe des verrückt verdrehten Quatschdiktats das Lesen, Zuhören, Schreiben und Fehlererkennen lernen? Erfinden Sie gemeinsam mit Ihrem Kind einen lustigen Text, der dem Können des Kindes angemessen ist. Danach darf es Ihnen das Quatschdiktat diktieren und im Anschluss diktieren Sie es Ihrem Kind. Sind beide Texte fertig, wechseln Sie die Diktate aus und jeder darf den Text des anderen gründlich auf Fehler hin unter die Lupe nehmen.

Chinesisch oder was?!

Was Sie dafür brauchen: Papier und Stifte

Gehen Sie die Lesefibel oder Lernkartei Ihres Kindes durch. Wählen Sie einige Wörter aus und würfeln Sie die Reihenfolge der Buchstaben wild durcheinander. Kann Ihr Kind in diesem Buchstabenwirrwarr das richtige Wort erkennen und in korrekter Form dahinter notieren?

Spielvariante für ältere Kinder

Für Kinder, die bereits länger in die Schule gehen und im Lesen und Schreiben schon recht fit sind, schreiben Sie ganze Sätze auf, in denen die Buchstaben jedes Wortes vertauscht sind.

Ein kleiner Tipp

Lassen Sie auch Ihr Kind bei einigen Wörtern die Reihenfolge der Buchstaben verändern. Sind auch Sie in der Lage, die Wörter richtig zu entziffern und in der richtigen Reihenfolge aufzuschreiben? Zusätzlich könnten Sie sich die Wörter nochmals – ohne abzulesen – buchstabieren lassen. Oder vielleicht lassen Sie sich eines der Wörter (bitte aber nur in der richtigen Reihenfolge, sonst ist es zu schwer) mit dem Finger auf den Rücken schreiben.

Welcher Buchstabe kann das nur sein?

Was Sie dafür brauchen: Griffige Buchstaben aus Holz, Pappe oder Moosgummi, ein Tuch

Legen Sie einen Buchstaben, den Ihr Kind kennt, unter ein Tuch. Nun darf es nur mit seinen Händen ertasten, um welchen Buchstaben es sich dabei handelt. Ist der Buchstabe korrekt, darf Ihr Kind für Sie einen Buchstaben unter dem Tuch verstecken.

Spielvariante

Kniffliger wird es, wenn Sie mit den Buchstaben ein Wort oder einen Namen legen. Schafft es Ihr Kind, diesen Begriff durch bloßes Tasten korrekt zu erraten? Den Schwierigkeitsgrad können Sie durch die Länge des Wortes erhöhen oder indem Sie einen kurzen Satz legen, der geraten werden muss.

Ein kleiner Tipp

Selbstverständlich lässt sich diese Spielidee auch auf Zahlen übertragen. Sind die Kinder bereits fit im Rechnen, kann man anstelle von nur einer Zahl mit den Zahlen und Zeichen auch eine kleine Matheaufgabe legen, etwa 2 x 6 oder 3 + 4.

Name, Farbe, Tier

Für mindestens 2 Kinder

Was Sie dafür brauchen: Papier und Stifte

Jeder, der mitspielt, bekommt einen Stift sowie ein Blatt Papier. Nun darf sich der jüngste Mitspieler einen Buchstaben aussuchen (aus den Buchstaben, die das Kind schon kennt). Nun schreibt jeder auf sein Blatt Papier einen Namen, der mit diesem Buchstaben beginnt, eine Farbe sowie ein Tier. Sind alle fertig, wird verglichen – ist jedem etwas eingefallen?

Zwei kleine Tipps

Bei jüngeren Kindern, die gerade erst eingeschult wurden, sollte man kein Wettspiel daraus machen und wirklich nur die Buchstaben auswählen, die bislang gelernt wurden. In diesem Fall geht es erst einmal darum, die richtigen Buchstaben zu erkennen, zuzuordnen und erste Schreibversuche zu unternehmen, die Spaß machen und in ein lustiges Spiel verpackt sind.

Ist Ihr Kind bereits mit dem gesamten Alphabet vertraut und recht gut im Schreiben, kann man dieses Spiel natürlich auch auf weitere Oberbegriffe ausdehnen (wie man es von dem allseits bekannten „Stadt, Land, Fluss" kennt) und mit allen Buchstaben durchführen. Noch kniffliger wird es, wenn man dabei auf die korrekte Schreibweise achtet.

Verflixtes Abc

Was Sie dafür brauchen: Griffige Buchstaben von A bis Z aus Holz, Pappe oder Moosgummi oder ersatzweise ein Blatt Papier sowie einen Stift

Mit den Buchstaben legen Sie das gesamte Abc in einer Reihe auf den Boden oder Tisch. Je nach Wissensstand Ihres Kindes dürfen Sie ein oder auch mehrere Fehler in der Reihenfolge der Buchstaben einbauen. Ihr Kind muss anschließend versuchen, die eingebauten Fehler zu finden, und das Abc wieder in seine korrekte Reihenfolge bringen. Klappt dies schon ohne Hilfe?

Ein kleiner Tipp

Im Anschluss sollten Sie Ihrem Kind zuliebe einmal die Rollen tauschen. So darf nun Ihr Kind das Alphabet hinlegen und einige Buchstaben vertauschen.

Hallo, Oma Meier am Apparat?

Was Sie dafür brauchen: Ein Telefonbuch

Wörter im Lexikon nachschlagen und auf die richtige Schreibweise hin kontrollieren macht nicht immer Spaß. Vielleicht üben Sie die Reihenfolge des Alphabets und das Nachschlagen mit dem Telefonbuch. Geben Sie dem Kind die Aufgabe, die Telefonnummer von Oma und Opa nachzuschlagen und herauszufinden.

Natürlich können Sie es auch die Rufnummern von ausgedachten Personen wie Hans Müller, Anja Kramer oder Otto Werner nachschlagen lassen. Wie auch bei vielen anderen Spielen in diesem Buch sollten Sie anschließend in jedem Fall mit Ihrem Kind die Rollen tauschen und sich von ihm auftragen lassen, welche Rufnummer Sie nachschlagen sollen. Vielleicht schaffen Sie dies ja nicht und müssen sich von Ihrem Kind helfen lassen – das ist raffiniert und wirkungsvoll dazu!

Was beginnt mit S?

Was Sie dafür brauchen: Ein großes Blatt Papier und Buntstifte

Schreiben Sie mitten auf das Blatt Papier einem Buchstaben, den Ihr Kind bereits erlernt hat, zum Beispiel den Buchstaben S. Nun schreibt Ihr Kind alle Wörter um dieses gemalte S herum, die ihm einfallen und ebenfalls mit diesem Buchstaben beginnen: Sonne, Schnecke, Schirm, Stift, Stein, Salat, Schaufel, Strand etc.

Ein kleiner Tipp

Wenn Ihrem Kind das Schreiben noch zu schwer fällt oder es noch nicht viele Buchstaben kann, lassen Sie es einfach die entsprechenden Begriffe malen. Ist Ihr Kind schon fit, so können Sie dieses Spiel erschweren, indem es die Wörter auf die Rechtschreibung hin kontrollieren muss. So können Sie diese Spielidee dem Wissen Ihres Kindes entsprechend anpassen, erweitern oder eben auch vereinfachen.

So schreibt man den Buchstaben P

Was Sie dafür brauchen: Papier und Buntstifte

Ob Schreibschrift, Druckschrift oder vereinfachte Ausgangsschrift – es gibt etliche Möglichkeiten, Buchstaben zu schreiben, und in Büchern, Zeitschriften, auf Schildern und Plakaten finden sich darüber hinaus noch die unterschiedlichsten Schrifttypen. Ganz spielerisch gehen Sie das Thema Schreiben an, wenn Sie zusammen mit Ihrem Kind einen bestimmten Buchstaben auswählen, den es dann auf die unterschiedlichsten Arten schreiben darf: als Druckschrift oder Schreibschrift, verschnörkelt, gepunktet, als gemaltes Bild usw. Sie werden staunen, wie kreativ Ihr Kind ist!

Ein kleiner Tipp
Nehmen auch Sie sich ein Blatt Papier und machen Sie mit. Was fällt Ihnen alles ein? Vielleicht zeichnen Sie den Buchstaben als Statue, die einen Schatten wirft, oder bringen ihn gestrichelt oder kunterbunt als Mosaik zu Papier. Ihrer Fantasie sind keine Grenzen gesetzt!

Wo steckt denn bloß ein X?

Was Sie dafür brauchen: Papier, Schere, Klebstoff (am besten einen Klebestift), alte Zeitungen, Zeitschriften etc.

Wie sieht ein X oder Z aus? Lassen Sie Ihr Kind neue Buchstaben lernen, erkennen und wiederfinden, indem es diese Buchstaben aus alten Zeitungen ausschneidet und aufklebt. So lernt es die Buchstaben gezielt zu erkennen und von anderen zu unterscheiden. Zudem ermutigt es der Blick in die Zeitungen vielleicht hier und da, die ersten Überschriften zu entziffern und das Lesen zu üben. Das macht nicht nur Spaß, sondern gibt dem Kind Sicherheit und weckt die Neugier. Besonders groß ist die Motivation bei Artikeln mit Bildern, die die kindliche Neugier wecken.

Abc-Stempel

Was Sie dafür brauchen: Flaschenkorken, Klebstoff, eine Schere, Moosgummi, Papier, ein Stempelkissen

Stempeln macht Kindern einen Riesenspaß und lässt sich perfekt zum Schreiben-, Lesen- und Buchstabenlernen einsetzen. Mit selbst gebastelten Abc-Stempeln kann Ihr Kind Wörter, Namen, kleine Botschaften und sogar ganze Briefe stempeln. Man schneidet aus dem Moosgummi alle Buchstaben des Alphabets aus und klebt jeweils einen unter einen Korken – fertig! Sobald der Klebstoff trocken ist, kann der große Stempelspaß beginnen. Wetten, dass Ihr Kind so bald nicht wieder damit aufhören will?

Spielvariante

Falls Sie noch Korken übrig haben, kann man auch die Zahlen 1 bis 10 als Stempel herstellen sowie eventuell die vier Rechenzeichen + − : x. So können Sie für Ihr Kind auch Rechenaufgaben zum Üben und Lösen stempeln.

Ein kleiner Tipp

In Bastel- und Schreibwarenläden gibt es vorgestanzte Buchstaben aus Moosgummi. Das erleichtert natürlich das Herstellen der Abc-Stempel. Am besten bewahren Sie diese in einer kleinen Schachtel auf, so bleibt das Abc immer schön beisammen.

Mein Abc-Ordner

Was Sie dafür brauchen: Einen Schnellhefter beziehungsweise Ordner, Papier, Stifte, Locher

Ein ganz persönlicher Abc-Ordner ist ein treuer Begleiter für den Schulstart, der Ihr Kind zum Üben und Kreativsein motiviert. Sie könnten ihn beispielsweise nach den Buchstaben des gesamten Alphabets unterteilen und der besseren Übersicht halber farblich gestalten. Darin können Sie alles sammeln, was Ihnen zu den erlernten Buchstaben an Spielideen, Übungen und Lernideen einfällt, und auch Spielaktionen aus diesem Kapitel archivieren. Ein richtiger Mitmachordner rund um das Alphabet sozusagen, mit dem Ihr Kind mit Freude arbeitet.

Zum A beispielsweise können Sie ein Deckblatt entwerfen, auf das Ihr Kind den Buchstaben in Groß- und Kleinbuchstaben schreibt. Auf einer weiteren Seite übt es diesen Buchstaben und darf ihn so oft schreiben, wie es möchte. Auf ein anderes Blatt klebt es eine Collage mit allen Dingen auf, die mit dem Buchstaben A beginnen, und auf einem weiteren notiert es alle Vornamen, die mit A beginnen. Auch einen Steckbrief kann es erstellen: Aaron isst gerne Ananas, ist ein Autofreak, fährt gerne nach Alaska und angelt gerne …

Oder Ihr Kind kann den Buchstaben A auf einem Blatt als Kunstwerk darstellen und bunt gestalten, den Buchstaben auf verschiedene Arten aufschreiben, lauter As aus diversen Zeitungen ausschneiden und vieles mehr. Diese Dinge machen nicht nur Spaß, sondern haben auch einen großen Lerneffekt, der dem Kind üben hilft, ohne dass es dies merkt. Auf diese Weise können Sie den ganzen Ordner fantasievoll mit Lernideen füllen!

Hurra, die Post ist da!

Was Sie dafür brauchen: Buchstabennudeln, Kleber, Papier, einen Stift, einen Umschlag, eine Briefmarke

Schreiben mal ganz anders: So werden Sie Ihrem Kind die Lust aufs Schreiben mit Sicherheit schnell schmackhaft machen, und zwar im wahrsten Sinne des Wortes. Lassen Sie Ihr Kind mit Buchstabennudeln und Klebstoff einen Brief an den besten Freund oder die beste Freundin, die Großeltern oder gar eine originelle Einladung zum Kindergeburtstag schreiben.

Das Kind sucht die passenden Buchstabennudeln raus und klebt sie aufs Papier. Dann steckt es den Brief in den Umschlag, versieht ihn mit Empfänger und Absender, klebt die Briefmarke drauf und wirft ihn ein.

E-Mail für mich

Was Sie dafür brauchen: Einen PC

Mit dem Computer kennen sich heutzutage schon die Kinder gut aus. Warum den PC dann nicht mal gezielt als Lernhilfe einsetzen? Schreiben Sie Ihrem Kind doch einfach regelmäßig kleine Nachrichten (dem Können Ihres Kindes angemessen) per E-Mail. Und Ihr Kind antwortet Ihnen auf die gleiche Weise. Das fördert die Lust am Schreiben – denn welches Kind sitzt schon ungern am Computer?

Ein kleiner Tipp

Wenn Ihr Kind schon firm im Schreiben und Lesen ist, können Sie beide die Fehler im Text des anderen markieren. Bitten Sie Ihr Kind, die Wörter, die es falsch geschrieben hat, nachzuschlagen und zu korrigieren. Machen Sie das aber nur, wenn Ihr Kind sich dadurch nicht ganz im Schreiben blockiert fühlt. Erst einmal soll ja die Lust geweckt werden, sich überhaupt hinzusetzen und frei zu schreiben.

Ups, ein Fehler!

Was Sie dafür brauchen: Zeitungen, Bücher etc.

Wenn Sie Texte Ihres Kindes auf Fehler durchsuchen, kommt das manchmal nicht so gut an. Wenn Ihr Kind aber in Büchern, Zeitungen, Anzeigen und dergleichen Fehler findet, stärkt das sein Selbstbewusstsein ungemein, vor allem dann, wenn es die Fehler ganz allein entdeckt hat. Selbst in Schulbüchern oder anderem Lernmaterial für Kinder gibt es – wenn auch selten – immer wieder mal Rechtschreibfehler. Motivieren Sie Ihr Kind, diesen Fehler dem Verlag zu melden. Noch spannender ist es, die Rückmeldung abzuwarten …

Lernspaß rund um Zahlen

Zahlen legen

Was Sie dafür brauchen: Kleine Kieselsteine, Kastanien, Perlen oder Ähnliches

Sie denken sich eine Zahl aus und legen diese mit den Steinen auf den Tisch. Sobald Ihr Kind die Zahl erraten hat, ist es selbst an der Reihe und denkt sich eine Zahl aus, die es legen darf. Die Zahlen wählen Sie natürlich nach dem Wissensstand Ihres Kindes aus. Eine nette Übung, die nicht nur Spaß macht, sondern auch die Motorik Ihres Kindes schult!

Ein kleiner Tipp

Sollte Ihr Kind große Lernblockaden haben, können Sie dieses Spiel auch auf dem Teppichboden in der Spielecke des Kinderzimmers durchführen. So bringt das Kind das Spiel nicht sofort mit Üben am Schreibtisch in Verbindung. Noch spielerischer und lustiger wird es natürlich, wenn Sie diese Spielidee unterwegs aufgreifen, beispielsweise auf einem Spaziergang im Wald oder einer Wanderung. In dem Fall nutzen Sie zum Legen der Zahlen einfach kleine Stöckchen, Blätter, Bucheckern, Steine, Rinde oder was sich sonst in der Natur findet.

Welche Zahl ist hier verschwunden?

Was Sie dafür brauchen: Ein Blatt Papier und einen Stift oder griffige Zahlen aus Holz, Moosgummi, Pappe oder Ähnlichem

Machen Sie Ihrem Kind die Zahlen beGREIFBAR und lassen Sie sie lebendig werden. Je sicherer Ihr Kind im Umgang mit Zahlen wird, desto leichter kann es damit im Matheunterricht umgehen. Hat Ihr Kind die Zahlen von 1 bis 10 schon gelernt, dann lassen Sie es diese auf dem Papier notieren oder mit den Zahlen legen. Dann decken Sie die Reihe zu und legen neun Zahlen auf den Boden. Das Kind muss nun erraten, welche Zahl fehlt.

Spielvariante

Statt eine der Zahlen wegzulassen, verändern Sie an einer oder mehreren Stellen die richtige Reihenfolge. Ihr Kind soll die gelegten Zahlen anschließend wieder in die korrekte Reihenfolge bringen und kontrollieren, ob nun alles seine Richtigkeit hat.

Ein kleiner Tipp

Das Spiel kann man natürlich auch mit Buchstaben durchführen. Diese werden dann in der Reihenfolge des Alphabets geordnet und gelegt.

Fix gewürfelt

Was Sie dafür brauchen: Einen oder mehrere Würfel

Würfeln macht nicht nur Laune, sondern übt auch ganz spielerisch das Erkennen von Zahlen und das Rechnen. Setzen Sie sich mit Ihrem Kind an den Tisch und würfeln Sie drauflos. Ihr Kind soll die gewürfelten Zahlen addieren. Je nachdem, wie gut Ihr Kind schon rechnen kann, können Sie auch mehrere Würfel mit ins Spiel bringen, deren Augenzahlen zusammengezählt werden müssen.

Ein kleiner Tipp

Geht Ihr Kind schön länger in die Schule und lernt das Einmaleins? Dann nehmen Sie einen Sechser- sowie einen Zehner-Würfel und üben damit ganz spielerisch das Einmaleins!

Einmaleins-Übungspass

Was Sie dafür brauchen: Einen selbst gebastelten Pass aus Papier oder festerem Tonkarton

Das Einmaleins zu lernen ist für viele Kinder ein Graus. Motivieren Sie Ihr Kind mit einem selbst gemachten Einmaleins-Übungspass zum Lernen. So könnte er aussehen:

	Geübt am	Kontrolliert am
Einser-Reihe		
Zweier-Reihe		
Dreier-Reihe		
Vierer-Reihe		
Fünfer-Reihe		
Sechser-Reihe		
Siebener-Reihe		
Achter-Reihe		
Neuner-Reihe		
Zehner-Reihe		

Lassen auch Sie sich Aufgaben von Ihrem Kind stellen, deren Ergebnisse das Kind danach auf ihre Richtigkeit hin kontrollieren soll.

Fragen Sie die entsprechenden Reihen nicht immer in derselben Reihenfolge ab, sondern auch kreuz und quer. So gehen Sie sicher, dass Ihr Kind die Ergebnisse nicht auswendig lernt, sondern das Einmaleins wirklich sicher beherrscht.

Ein kleiner Tipp

Um die Zahlenreihen zu lernen, muss man sich nicht extra Zeit nehmen und am Schreibtisch pauken. Fragen Sie Ihr Kind in ganz normalen Alltagssituationen ab, etwa beim Einkaufen, Autofahren, Mittagessen oder auf dem Weg zum Schwimmkurs.

Suchbild

Was Sie dafür brauchen: Ein Wimmelbilderbuch (Bilderbuch für kleine Kinder, auf denen Situationen wie ein Besuch im Supermarkt oder das Leben auf dem Bauernhof zu sehen sind)

Um mit Ihrem Kind das erste Zählen zu üben, können Sie ein Wimmelbilderbuch zur Hilfe nehmen. Machen Sie es sich gemeinsam auf dem Sofa gemütlich und gönnen Sie Ihrem Kind eine Auszeit vom Schulstress.

Beim Betrachten der Bilder kann Ihr Kind ganz spielerisch die Zahlen sowie das Zählen und Addieren lernen.

Zum Beispiel: Wie viele Kinder sind da zu sehen, gibt es Straßenschilder, wenn ja, wie viele? So merkt Ihr Kind gar nicht, dass es lernt, und wird bereitwillig und mit Freude mitmachen!

Ein kleiner Tipp

Auch diese Übung können Sie ganz leicht auf den Alltag übertragen. Beispielsweise auf dem Schulweg: Da parkt ein rotes Auto und ein weiteres steht an der Ampel. Wie viele rote Autos sieht man? Greifen Sie unterwegs immer wieder solche simplen Dinge auf – das trainiert, gibt Sicherheit und macht mehr Spaß als stupides Rechnen am Schreibtisch.

Malen nach Zahlen

Was Sie dafür brauchen: Papier und Stifte

Zeichnen Sie auf ein großes Blatt Papier ein beliebiges einfaches Motiv und teilen dies, am besten mit einem schwarzen Stift, in mehrere Bereiche auf. In jeden dieser Bereiche schreiben Sie eine Zahl. Alle Zahlen werden bestimmten Farben zugeordnet, die Zahl 1 zum Beispiel der Farbe Gelb, die Zahl 2 der Farbe Rot, die Zahl 3 der Farbe Blau usw. Dann darf Ihr Kind alle Felder, in denen eine 1 steht, gelb anmalen, alle Zweierfelder rot, alle Dreierfelder blau usw. So wird Ihr Motiv mit der Zeit kunterbunt.

Diese Übung ist ein netter Zeitvertreib für Ihr Kind und es lernt dabei ganz spielerisch einfache Zahlen.

Ein kleiner Tipp

Falls Ihnen das zu aufwendig ist oder Sie sich so viel Kreativität nicht zutrauen, kaufen Sie derartige Vorlagen als Malblock im Buch- oder Schreibwarenhandel. Oder Sie versehen eine Malvorlage in einem ganz normalen Malbuch mit Zahlen.

Zahlenbilder

Was Sie dafür brauchen: Papier und Stifte

Eine weitere interessante Methode, um das Zählen und die richtige Reihenfolge der Zahlen zu üben: Sie wählen ein Motiv aus und bringen dies mithilfe von Zahlen zu Papier. Und zwar so, dass Ihr Kind die auf dem Blatt stehenden Zahlen durch gerade Linien in der richtigen Reihenfolge verbinden muss. Anhand dieser gemalten Linien und Verbindungen entsteht schließlich ein „Bild", das Ihr Kind im Anschluss bunt ausmalen kann.

Ein kleiner Tipp

Auch solche Vorlagen gibt es übrigens als Lernheft oder Malblock zu kaufen. Je nach den Fähigkeiten der Kinder gibt es auch solche mit höheren Zahlenfolgen, die natürlich wesentlich kniffliger sind.

Krabbelsack

Was Sie dafür brauchen: Stoffsäckchen oder Einkaufstaschen aus Stoff sowie kleinere Gegenstände aus dem Haushalt

Vorbereitung: Befüllen Sie die Stoffsäckchen oder Taschen mit Gegenständen, die Sie beispielsweise im Kinderzimmer oder anderswo in der Wohnung finden, etwa Murmeln, Legosteine, Bauklötze oder Perlen.

Halten Sie Ihrem Kind eines dieser vorbereiteten Säckchen hin und Ihr Kind darf durch gründliches Befühlen erraten, um welchen Gegenstand es sich handelt, aber auch zählen, wie viele dieser Gegenstände in dem Beutel stecken. Gar nicht so leicht, wenn mehrere Gegenstände drin sind!

Zwei kleine Tipps

Sie können diese Spielidee auch abändern, indem Sie griffige Holzzahlen in die Beutel stecken. Das Kind soll durch Ertasten erraten, um welche Zahl es sich handelt.

Für ältere Kinder, die den Zahlenraum bis 100 kennen, können es auch immer zwei Zahlen sein. Welche Zahl ergibt es, wenn eine 1 und eine 4 im Beutel stecken? Man kann eine 14 bilden oder eine 41; man könnte aber auch eine Rechenaufgabe daraus bilden wie 4 − 1, 1 x 4 oder 4 + 1.

Sie sehen also, man kann aus einer simplen Spielidee allerhand wirkungsvolle, lehrreiche Übungseinheiten machen, die interessant sind und das Kind motivieren. Und dies gilt selbstverständlich für alle Spielideen in diesem Buch.

Der Taschenrechner hilft

Was Sie dafür brauchen: Einen Taschenrechner

Der Taschenrechner: Segen oder Fluch beim Erledigen der Hausaufgaben? Setzen Sie ihn doch mal ganz gezielt zum Lernen ein. Ihr Kind macht seine Rechenaufgaben und darf diese im Anschluss mithilfe des Taschenrechners kontrollieren – als Belohnung dafür, dass es seine Hausaufgaben gut gemacht hat!

Überall sind Zahlen

Was Sie dafür brauchen: Wasserfarben, Pinsel, ein großes Blatt Papier, Stifte, eventuell einen Korken

Genug gelernt und keine Lust mehr auf weitere lästige Hausaufgaben? Dann wird es Zeit für eine kreative Pause, in der ein buntes, selbst entworfenes Bild als neue Dekoration fürs Kinderzimmer entsteht.

Werkeln, malen und kreativ sein gefällt den meisten Kindern. Also räumen Sie den Tisch frei, breiten sicherheitshalber mehrere Lagen altes Zeitungspapier oder eine abwaschbare Tischdecke darauf aus und los geht's: Mit dem Korken darf Ihr Kind nun kunterbunte Krabbelkäfer aufs Papier stempeln. Es klappt aber auch mit den Fingern prima, falls Sie keinen Korken zur Hand haben. Auf diese Art kann Ihr Kind auch noch Gräser, Blumen, Zweige, Blätter, weiße Wolken und vieles mehr malen.

Das fertige Kunstwerk wird gemeinsam betrachtet: Wie viele Punkte hat der rote Käfer auf seinem Rücken? Wie viele Käfer kraxeln auf dem großen Grashalm herum? Wie viele Blätter wachsen am Ast, wie viele Wolken schweben am blauen Himmel entlang, zwei rote und zwei blaue Käfer sind insgesamt wie viele Krabbeltiere? So wird das Lernen zur Nebensache und macht richtig Spaß!

Zahlen malen

Was Sie dafür brauchen: Papier und Stifte

Ein Kind muss das, was es lernt, sehen, begreifen und verstehen können. Dann ist alles andere ein Kinderspiel. Daher ist es wichtig, dass Sie ihm gerade am Anfang die Zahlen verdeutlichen. Es muss also nicht nur wissen, wie genau eine 1 aussieht und wie man sie schreibt. Es muss die 1 auch anfassen und sehen und begreifen können, was dies überhaupt im übertragenen Sinne heißt.

Nehmen Sie ein Blatt Papier und lassen Ihr Kind in die Mitte eine große 1 schreiben. Daneben darf es nun mit bunten Stiften kleine Dinge malen, und zwar jeweils genau einmal: eine Sonne, ein Mond, ein Auto etc. Wenn Ihr Kind möchte, kann es auch aus alten Zeitungen die Zahl 1 ausschneiden und aufkleben, die Zahl 1 als Wort EINS aufschreiben, einen Würfel malen, der die Zahl 1 mit Punkten anzeigt, usw.

Ein kleiner Tipp

Für die Bilder, Collagen und kleinen Zahlenkunstwerke, die Ihr Kind zu den verschiedenen Zahlen gestaltet hat, können Sie einen Zahlenordner oder Schnellhefter anlegen.

Kleine 1-2-3-Collagen

Was Sie dafür brauchen: Papier, Stifte, Kleber, Dinge zum Aufkleben

Veranschaulichen Sie Ihrem Kind die Zahlen mithilfe von einfachen Collagen. Lernt Ihr Kind gerade die Zahlen von 1 bis 10? Dann nehmen Sie zehn Blatt Papier und lassen Ihr Kind diese Zahlen aufkleben: Die Eins wird mit einem 1-Cent-Stück auf das Papier geklebt, die 2 könnten zwei Bonbons sein, die 3 drei aufgeklebte Perlen, die 4 vier Kronkorken usw.

Ein kleiner Tipp

Wenn Sie einen großen Bogen Foto- oder Tonkarton im Haus haben, lassen Sie Ihr Kind die Zahlen 1 bis 10 auf nur postkartengroße Papierstücke kleben. Diese kleben Sie dann in der korrekten Reihenfolge auf den Tonkarton und hängen dieses Zahlenposter sichtbar über dem Schreibtisch auf. So hat Ihr Kind die Zahlen stets im Blick.

1-2-3-Memory

Was Sie dafür brauchen: Blanko-Memorykarten oder Pappe, Tonkarton, Schere, Kleber und Stifte

Ein Memory hat man schnell selbst gebastelt und ist immer ein beliebter Zeitvertreib. Dies kann man sich natürlich auch in Hinblick auf das Lernen zunutze machen. Schreiben Sie die Zahlen, die Ihr Kind bereits kennt, jeweils paarweise auf die Memorykarten und spielen Sie anschließend ein lehr- und lernreiches Memory.

Spielvariante für pfiffige ältere Schulkinder

Lernt Ihr Kind gerade das kleine Einmaleins oder tüftelt gerne, dann beschriften Sie die eine Karte eines Paars mit einer kleinen Einmaleins-Aufgabe und die andere mit dem Endergebnis, also zum Beispiel 6 x 6 auf der einen und 36 auf der anderen Karte. Eine absolut geniale Spielidee zum Üben und Festigen des kleinen Einmaleins!

Ein kleiner Tipp

Der Schwierigkeitsgrad des Memorys lässt sich ganz leicht erhöhen, indem man für die Zahlenpärchen verschiedene Schriftarten oder Größen nimmt oder auf die eine Karte die Zahl schreibt und auf das Gegenstück einen Gegenstand in der entsprechenden Anzahl malt. So steht dann zum Beispiel die Zahl 2 auf der einen Karte, während die andere ein Paar Socken zeigt.

Ich mach mit, denn ich bin fit!

Wenn sich Ihr Kind manchmal schwer damit tut, sich aktiv am Unterricht zu beteiligen, kann dies verschiedene Ursachen haben. Doch so oder so können Sie seine Bereitschaft zur Mitarbeit durch die folgenden bewährten Übungen und Spielaktionen fördern. Positiver Nebenfeffekt: Kinder, die mitarbeiten, lernen leichter und schneller.

Übungen, die zur Mitarbeit motivieren

Dabei sein ist alles! Nach diesem Motto sollte Ihr Kind auch in der Schule aktiv und motiviert mitarbeiten. Natürlich gibt es auch lustlose, graue Tage. Aber Schüler, die mit Spaß bei der Sache sind, haben es im Anschluss auch zu Hause deutlich leichter und müssen weniger lernen und aufarbeiten. Wenn sie im Unterricht alles verstanden und gut mitgearbeitet haben, gehen auch die Hausaufgaben flotter von der Hand.

Natürlich gibt es aber auch Kinder, denen die Mitarbeit schwerfällt. Vielleicht weil sie sich leicht ablenken lassen, sich nicht trauen, vor einer größeren Gruppe zu sprechen, nicht selbstbewusst genug sind oder einfach Angst davor haben, etwas Falsches zu sagen. Doch mit ein paar kleinen Tricks lassen sich genau diese Dinge üben. In diesem Kapitel finden Sie einige Anregungen, die Abhilfe schaffen können und Ihr Kind motivieren, ab sofort mehr mitzumachen. Denn wenn es sich aktiv beteiligt, macht ihm der Unterricht nicht nur mehr Freude und die Stunden verfliegen im Nu, sondern es lernt ganz nebenbei schon eine ganze Menge.

> **Kinder, die mitarbeiten, können gleich nachfragen, wenn sie etwas nicht verstanden haben.**

Und das Mitarbeiten im Unterricht bringt noch weitere Vorteile, die sich ein Kind zunutze machen kann. So merkt es zum Beispiel gleich, wenn es etwas nicht verstanden hat, und kann sofort gezielt nachfragen, getreu dem Motto: Wer nicht fragt, bleibt dumm!

1-2-3-mal melden

Was Sie dafür brauchen: Drei kleine Holzsterne, Glasnuggets oder Ähnliches

Manchen Kindern fehlt der Antrieb, sich zu melden. Für diese Kinder können drei kleine Sterne im Federmäppchen eine hilfreiche Stütze sein. Jedes Mal, wenn sich das Kind meldet und aktiv im Unterricht mitarbeitet, legt es einen Stern zur Seite. So kann es sich in jeder Unterrichtsstunde selbst mithilfe der Sterne motivieren, sich mindestens dreimal zu melden. Wenn es sich öfter meldet, als Sterne im Mäppchen liegen – noch besser!

Komm, mach mit!

Sprechen Sie mit Ihrem Kind darüber, warum es ihm im Unterricht vielleicht schwerfällt, aktiv mitzuarbeiten und sich zu melden. Versuchen Sie herauszufinden, wo genau die Ursachen liegen. Hat Ihr Kind nicht genug Mut oder gar Angst, so können Sie mit Übungen oder Fantasiereisen, die das Selbstbewusstsein stärken, seine Persönlichkeit positiv fördern.

In jedem Fall sollten Sie dem Kind auch die Vorzüge klarmachen und aufzählen. Besonders motivierend findet es sicher, dass eher diejenigen aufgerufen werden, die sich normalerweise nicht melden, als die Kinder, bei denen der Finger ständig nach oben zeigt.

Zwei gute Gründe

Ein weiterer guter Grund, der für das Mitmachen im Unterricht spricht und Kinder motivieren sollte: Es ist fürs eigene „Image" bei den Klassenkameraden besser, sich zu melden, wenn man die Antwort kennt, als vom Lehrer aufgerufen zu werden, obwohl man sich nicht gemeldet hat und die Antwort nicht weiß.

Für konstante Mitarbeit spricht auch, dass die mündliche Mitarbeit mit in die Note einfließt. Wenn dann mal eine schriftliche Arbeit nicht so gut ausfällt oder gar danebengeht, kann das Kind dies durch gute Mitarbeit positiv ausgleichen und im Halbjahres- oder Jahreszeugnis steht dann trotzdem eine gute Note.

Mein Leitsatz für heute

Was Sie dafür brauchen: Karteikarten mit positiven Leitsätzen

Die Kraft der positiven Gedanken ist unumstritten groß. Dies können Sie auch Ihrem Kind nahebringen, damit es etwas hat, das ihm Halt gibt, es motiviert und stärkt.

Beschriften Sie einen Schwung kleiner Karteikarten mit positiven Gedanken oder Sprüchen, die zu Ihrem Kind passen und von denen es sich wirklich positiv beeinflussen lässt. Hier ein paar Vorschläge – Ihnen fallen bestimmt noch andere Leitsätze ein:

- *Mit Mut geht's mir heut gut.*
- *Konzentriert läuft's wie geschmiert.*
- *Ich mach mit, denn ich bin fit.*
- *Ich bin ganz ruhig und entspannt.*
- *Ich kann das – ich schaffe das!*
- *Heute bin ich mutig wie ein Löwe.*
- *Heute macht mir alles Spaß.*
- *Wenn ich lache, geht's mir gut.*
- *Nichts kann mich heute aus der Ruhe bringen.*

Die Leitsätze müssen nicht zwingend gereimt sein, wichtig ist nur, dass sie positiv sind, keine Verneinungen enthalten und dem Kind Mut, Stärke oder Kraft vermitteln – Eigenschaften, die es vielleicht hin und wieder vermisst und die es während des Tages positiv bestärken.

Ihr Kind darf nach dem Frühstück, bevor es in die Schule geht, eine Karte ziehen. Der Spruch, der auf dieser Karte steht, ist nun der Leitsatz oder das Ziel für den heutigen Tag. Wenn es Ihrem Kind hilft, kann es die Karte auch den Tag über bei sich tragen, etwa in der Hosentasche. Diese Karten sind wirklich sehr hilfreich und für viele Kinder eine echte Bereicherung im stressigen Schulalltag, der etliche Anforderungen für sie bereithält.

Zwei kleine Tipps

Wenn Sie kreativ sind, gestalten Sie die Karten doch zusätzlich liebevoll mit Bildern, Fotos oder Motiven, die die Aussage nochmals veranschaulichen und gute Laune machen. Falls Sie die Möglichkeit haben, sollten Sie die Karten laminieren. So gehen sie nicht kaputt, wenn Ihr Kind sie gerne bei sich trägt, und man kann sie immer wieder neu verwenden.

Meine Leseschnecke Lea

Was Sie dafür brauchen: Ein Blatt Papier, Stifte, Bücher

Die Leseschnecke Lea ist eine tolle Hilfe für kleine Lesemuffel! Zeichnen Sie auf ein Din-A4-Blatt eine Schnecke mit einem großen Schneckenhaus. Unterteilen Sie das Schneckenhaus in viele kleine Kästchen. Für jedes dieser Kästchen muss oder vielmehr darf (immer positiv darstellen!) Ihr Kind fünf Minuten lesen. Ob aus der Lesefibel, dem Lieblingsbuch, einer Zeitung oder einem Bilderbuch ist vollkommen egal. Es gilt hierbei, die Lust auf das Lesen zu wecken und vor allem das flüssige Vorlesen zu üben. Wer gern und gut vorlesen kann, wird damit auch vor der

Klasse oder einer anderen größeren Gruppe keine Probleme haben. Ein guter Grund, weshalb Ihr Kind täglich ein wenig das Lesen üben sollte!

Achten Sie aber darauf, dass der Lesestoff Ihr Kind nicht überfordert und der Text nicht zu schwer ist. Auf dem Buchmarkt gibt es wirklich tolle Bücher, die für jedes Können und jede Altersstufe spannende, lustige und interessante Themen aufgreifen und durch große Schrift, Fotos, Illustrationen oder Ähnliches veranschaulichen und interessant machen.

Hat Ihr Kind fünf Minuten gelesen, darf es eines der Felder in Leas Schneckenhaus bunt anmalen. Ist das Schneckenhaus schließlich kunterbunt und kein Feld mehr frei, gibt es eine Belohnung. Wie wäre es mit einem Besuch in der Stadtbücherei, um sich ein spannendes Buch auszuleihen, das man gemeinsam (oder natürlich auch allein) lesen kann? Und wenn es mit dem Lesen besonders gut geklappt hat, darf sich Ihr Kind vielleicht auch mal in der Buchhandlung ein Taschenbuch als Belohnung aussuchen! Dieser Anreiz kann die Motivation ungemein steigern.

Ein kleiner Tipp

Um zu sehen, wie schnell oder in welchem Zeitraum die Schnecke fertig geworden ist, können Sie am Rand der bunten Kästchen auch mit einem dünnen Stift das jeweilige Datum festhalten.

Ich dir und dann du mir!

Was Sie dafür brauchen: Ein Buch

Etwas vorgelesen zu bekommen und dabei gemütlich auf dem Sofa zu kuscheln macht ohne Frage großen Spaß. Aber das (Vor-)Lesen will gelernt sein. Auch Oma, Opa und selbst Mama und Papa mussten es erst einmal lernen.

Auch Ihr Kind darf sich das Lesen von Grund auf aneignen. Je schmackhafter Sie es ihm machen, desto freiwilliger wird es die Sache angehen.

Manchen Kindern hilft es sehr, wenn Sie gemeinsam lesen. Machen Sie einen Deal: Erst lesen Sie einen Abschnitt, dann ist Ihr Kind an der Reihe. Wenn Sie gemeinsam ein Bilderbuch lesen, dann lassen Sie die wörtliche Rede vom Kind vorlesen und Sie erzählen den Rest.

Tipps aus der Mottenkiste

Manchmal macht Schule Spaß, manchmal auch nicht. Da können ein paar nette Anekdoten aus der eigenen oder vielleicht sogar „uralte" Geschichten aus Großmutters Schulzeit etwas aufheitern. Wie war es damals? Wie groß war die Klasse, die Schule? War der Lehrer nett? Was ist auf Klassenfahrten oder Wandertagen Lustiges passiert? Lustige Geschichten und kuriose Situationen gibt es aus jeder Schulzeit zu erzählen!

Wer weiß, vielleicht hatten die Schüler damals ja auch schon Sorgen, Ängste oder Probleme, die sie mit Tricks oder Eselsbrücken bewältigen konnten. Und genau die können vielleicht auch Ihrem Kind in seiner jetzigen Situation helfen.

Wenn ich vor meiner Klasse steh

Was Sie dafür brauchen: Einen großen Spiegel

Oje – ein Referat steht an oder eine Weihnachtsfeier, auf der Ihr Kind ein Gedicht vortragen soll! Selbstverständlich gehört etwas Bammel dazu und Aufregung ist ganz normal. Selbst bekannte Persönlichkeiten haben Lampenfieber vor einem Auftritt. Dennoch gibt es dem Kind auch eine gehörige Portion Selbstbewusstsein, wenn alles gut über die Bühne gegangen ist.

Je sicherer man auftritt und je ruhiger und gelassener man vor Publikum spricht, desto wirkungsvoller ist so ein Vortrag.

Motivieren Sie Ihr Kind und spielen Sie solche Situationen regelmäßig mit ihm durch, wenn Sie wissen, dass sie ihm Unbehagen bereiten. Denn es kommt immer wieder vor, dass die Schüler vor der Klasse sprechen, Hausaufgaben vorlesen, an der Tafel etwas vorrechnen, Gedichte auswendig aufsagen, vor versammelter Elternschaft singen und tanzen oder auch frei einen Text vortragen müssen. Auch später im Beruf sieht man sich ständig mit solchen Aufgaben konfrontiert.

Je früher sich Ihr Kind daran gewöhnt, desto selbstverständlicher wird es damit umgehen. Und je mehr es solche Situationen einübt, desto kleiner werden seine Bedenken und Ängste.

Lassen Sie Ihr Kind das Sprechen vor einem Spiegel üben. Als „Spiegeläffchen" sieht es selbst, wie es dabei wirkt. Wie sieht das denn aus, was für einen Gesichtsausdruck habe ich, schneide ich Grimassen, was mache ich eigentlich mit meinen Armen?

Geben Sie Ihrem Kind Tipps und Tricks mit auf den Weg oder probieren Sie wie bei einer Theaterprobe oder einem Casting verschiedene Körperhaltungen aus: Zusammengesunken und mit hängenden Schultern etwa wirke ich ganz anders als mit hoch erhobenem Haupt und kräftiger, deutlicher Stimme.

Was red ich denn da bloß?

Was Sie dafür brauchen: Einen Kassettenrekorder mit Mikrofon und Leerkassette (oder ein anderes Aufnahmegerät), eventuell ein Buch

Frei Sprechen und Präsentieren will gelernt sein. Machen Sie mit Ihrem Kind deshalb ein Sprechtraining. Falls Ihr Kind das mehr motiviert, stellen Sie sich gemeinsam vor, Sie sprechen beim Casting für eine große Fernsehshow vor und müssen sich präsentieren. Das kann man prima üben und aufzeichnen. Ihr Kind spricht einen Text frei vor, hört sich im Anschluss das Gesagte an und überprüft, ob seine Präsentation selbstbewusst und verständlich rüberkam.

Ein kleiner Tipp

Ebenso kann man auf diese Weise flüssiges Lesenlernen üben und danach selbst überprüfen, ob die Betonung gut war, die Pausen ausreichend, der Text verständlich gesprochen etc.

Theater, Theater!

Zur mündlichen Mitarbeit im Unterricht gehört auch, dass man sich ausdrücken kann und deutlich spricht, sodass die Mitschüler einen gut verstehen und gerne zuhören.

Das Sprechen und Vortragen kann man auch spielerisch zu Hause im stillen Kämmerchen üben, um für den Ernstfall gewappnet zu sein. Ihr Kind darf sich dabei vorstellen, dass es ein bekannter Schauspieler, ein berühmter Sänger oder eine andere populäre Persönlichkeit ist. Bestimmt hat es einen Lieblingssänger oder -fernsehstar, den es jetzt mal spielen darf. Einmal ganz tief durchatmen – dann geht der Vorhang auf und sein Part beginnt: Es darf das Publikum willkommen heißen und einen Witz, eine Geschichte oder wichtige Nachrichten aufsagen. Zum Schluss jubelt ihm das Publikum (Sie) zu und klatscht Beifall!

Für alle Fälle gewappnet

Was Sie dafür brauchen: Schulbücher, Lexikon

Eine Voraussetzung, um im Unterricht mitarbeiten zu können, ist, dass man auch gut zuhört und weiß, worum es geht. Natürlich ist es hin und wieder in der Klasse laut, Ihr Kind lässt sich ablenken oder quatscht mal mit dem Tischnachbarn. Deshalb sollten Sie den Unterricht immer wieder mal nacharbeiten, mit Ihrem Kind etwas nachlesen, im Lexikon nachschlagen oder sich zum aktuellen Thema informieren. Je mehr Informationen Ihr Kind sammelt, desto aktiver wird es im Unterricht mitmachen und vor allem auch mitreden können.

Lesen und verstehen

Was Sie dafür brauchen: Texte zum Lesen

Das Reden muss man üben – wie das Lesen auch. In Kombination macht das Ganze mehr Spaß. Lassen Sie Ihr Kind einen Text lesen oder auch laut vorlesen. Im Anschluss soll es diese Geschichte mit eigenen Worten wiedergeben. Das trainiert das freie Sprechen und Sie können gleichzeitig kontrollieren, ob der gelesene Text auch verstanden wurde.

Ein kleiner Tipp

Sie sollten mit kleineren, überschaubaren Texten anfangen und erst nach und nach den Schwierigkeitsgrad steigern. Witzeerzählen (zum Beispiel als tägliches Ritual beim Abendessen) ist auch eine gute Möglichkeit zum Üben!

Meine beste Freundin

Hat Ihr Kind in der Klasse eine wirklich gute Freundin oder einen guten Freund? Freundschaft gibt Kindern Kraft und Mut. Vielleicht können Sie Ihr Kind ermutigen, sich mit der besten Freundin oder dem bestem Freund zusammenzutun, damit sie sich während des Unterrichts gegenseitig motivieren, sich zu melden.

Ist Ihr Kind schüchtern und traut sich nicht richtig, sich zu melden, dann könnte die Freundin oder der Freund Ihrem Kind aufmunternd zulächeln oder zuzwinkern, damit es Mut fasst und den Finger streckt.

Bei uns sitzen Sie in der ersten Reihe!

In der Schule gilt das Gleiche wie im Theater: In der ersten Reihe sieht man nicht nur besser, sondern man bekommt auch alles mit und ist nah dran am Geschehen. So kann es für manche Kinder ein entscheidender Vorteil sein, in den vorderen Reihen im Klassenraum zu sitzen. Da hat der Lehrer Ihr Kind im Blick und andersherum ebenso. Vielleicht motivieren Sie Ihr Kind, darüber mit dem Lehrer zu sprechen und beim nächsten Platzwechsel mal einen der vorderen Plätze zu wählen.

Fragen erlaubt!

Blöde Fragen gibt es nicht. Denn Fragen zeigen deutlich, dass sich die Schüler mit dem Unterrichtsstoff beschäftigen, auseinandersetzen und mitdenken. Daher sollte auch Ihr Kind sich nicht scheuen, Fragen zu stellen, wenn ihm etwas unklar ist. Falls es sich vor der Klasse nicht traut, kann es seine Frage auch nach dem Unterricht am Lehrerpult vorbringen.

Zu Hause, wenn das Kind von seinem Vormittag in der Schule erzählt, sollten Fragen ebenso ausdrücklich erlaubt sein. Auf manche Fragen haben vielleicht auch Sie keine Antwort, dann schlagen Sie gemeinsam mit Ihrem Kind im Fachbuch oder Lexikon nach. Signalisieren Sie Ihrem Kind, dass auch Erwachsene nicht alles wissen, aber dass das Lernen anhand von Fragen Spaß macht und es Vergnügen bereitet, sich als „Detektiv" zu betätigen, um der Antwort auf die Spur zu kommen. Möglicherweise haben Sie selbst noch alte Schulbücher, in denen die Antwort zu finden ist, oder Sie suchen gemeinsam in Internet. Damit zeigen Sie Ihrem Kind, dass es ganz verschiedene Möglichkeiten gibt, Dinge in Erfahrung zu bringen, und für alles Lösungen. Und solch eigenständiges Handeln wird natürlich auch in der Schule gerne gesehen!

So machen Hausaufgaben Spaß!

Wenn von der Schule ein abgekämpftes Etwas nach Hause kommt, das vor lauter An-die-Tafel-Schauen schon ganz rechteckige Augen hat, ist es sinnlos, nach dem Mittagessen gleich die Hausaufgaben anzugehen. Dann ist erst mal Entspannung angesagt. Und danach geht es erfrischt und konzentriert ans Werk.

Tipps für das Lernen zu Hause

Sicher kennen Sie das: Ihr Kind sitzt seit dem Mittagessen an seinem Schreibtisch. Fast eine Dreiviertelstunde ist vergangen, aber nicht mal die erste Aufgabe ist vollständig erledigt. Verträumt schaut es aus dem Fenster …

Das Kind zur Eile zu drängen, weil die Klavierstunde oder ein anderer Termin ansteht, hat jedoch erfahrungsgemäß wenig Sinn. Stattdessen hat es sich bewährt, mit dem Kind vor den Hausaufgaben kurze Entspannungsübungen zu machen. Denn im Anschluss daran ist es wirklich entspannt und vor allen Dingen wieder ganz aufnahmefähig. Es kann seine Aufgaben schneller und ohne die zahlreichen Flüchtigkeitsfehler erledigen, die in der Regel die Folge von Konzentrationsproblemen sind.

Im Folgenden finden Sie einige hilfreiche Ideen, was Sie und Ihr Kind noch vor den Hausaufgaben machen können, damit es seinen Kopf frei bekommt und wieder vollkommen konzentriert und aufmerksam ist, um sich danach mit frischem Tatendrang seinen Aufgaben widmen zu können.

Ich schreib mir alles von der Seele

Wie oft beschäftigen uns im Unterbewusstsein Dinge, die wir erlebt haben, die wir im Laufe der kommenden Zeit noch erledigen müssen, oder einfach Gedanken, die uns wie kleine Fledermäuse im Kopf herumflattern. Erst wenn man sich gezielt Zeit nimmt, sich mit diesen Dingen zu befassen, wird man sie auch los. Aus diesem Grunde kann es Ihrem Kind helfen, wenn es eine Art Tagebuch schreibt, in das es stichwortartig oder in ausformulierter Form all das notiert, was ihm im Moment durch den Kopf geht und es beschäftigt. Danach hat es den Kopf frei und ist offen für neue Dinge oder eben die Hausaufgaben, die erledigt werden müssen.

Meinem Kuscheltier erzähl ich alles

Wenn Ihr Kind Schreiben und Notieren als äußerst lästig empfindet und deshalb nicht gern Tagebuch führt, sollten Sie diese Variante mal ausprobieren: Ihr Kind nimmt sich Zeit für sein Lieblingskuscheltier. Dieses darf sich auf den Schreibtisch setzten und sich all das anhören, was das Kind ihm von seinem Schultag berichten möchte, welche Gedanken ihm durch den Kopf gehen, mit wem es vielleicht Ärger oder Streit gegeben hat, schöne Erlebnisse, aber auch Dinge, die ihm Kopfzerbrechen, Sorgen oder Angst bereitet haben. Das Ziel dieser Übung ist das gleiche wie bei der vorherigen – den Kopf frei bekommen –, nur dass das Kind hier seine Sorgen nicht einem Tagebuch anvertraut, sondern sein Herz mit Worten ausschüttet.

Mein heutiger Schultag

Im Laufe eines Schultages erlebt Ihr Kind eine ganze Menge. Viele Tausend Kleinigkeiten passieren, die auch dann im Gedächtnis bleiben, wenn sie nicht wichtig scheinen. Besonders diese Nichtigkeiten aber machen dem Kind das Lernen zur Hölle, weil auch diese beachtet werden möchten. Ihr Kind nimmt sich bei dieser Übung einfach fünf Minuten Zeit und legt sich hin. Am besten schließt es dazu die Augen, um sich alles besser vorstellen zu können. Wer das nicht so gerne mag, sucht sich einfach einen neutralen Punkt an der Zimmerdecke, der nicht anderweitig ablenkt. Dann geht das Kind in seinen Gedanken an den Zeitpunkt zurück, an dem es sich auf den Weg in die Schule gemacht hat. In chronologischer Reihenfolge wird der Vormittag dann Stück für Stück in Gedanken abgespult. Auf diese Weise schenkt das Kind auch den unwichtigen Gedanken Beachtung. Am Schluss der Übung sitzen ihm dann diese Dinge jedenfalls nicht mehr im Kopf!

Die Seele baumeln lassen

Wenn es Ihrem Kind zu lästig ist, nach der Schule etwas zu schreiben, zu berichten oder vor den Hausaufgaben eine

Entspannungsübung zu machen, kann das Kind es sich auch ganz gemütlich machen und für etwa fünf Minuten die Seele baumeln lassen. Das heißt, das Kind schließt die Augen, wenn es möchte, und denkt einfach über all das nach, was es beschäftigt und an das es im Moment gerade denken möchte. Wenn es an nichts denken möchte, ist auch das in Ordnung. In diesem Fall kann Ihr Kind einfach die Ruhe genießen oder mit seiner Aufmerksamkeit einfach bei seinem Körper sein.

Her mit dem frischen Sauerstoff!

Frische Luft ist wichtig, gerade wenn der Kopf raucht und man keinen klaren Gedanken mehr fassen kann. Also ist es wichtig, dass man vor den Hausaufgaben – vielleicht während des Mittagessens – das Zimmer, in dem die Hausaufgaben gemacht werden, einmal gut durchlüftet. Dazu das Fenster nicht nur kippen, sondern lieber ein paar Minuten ganz aufmachen!

Wenn es Ihrem Kind hilft, kann es sich auch gerne ans offene Fenster stellen und ein paar Mal ganz intensiv ein- und wieder ausatmen. Das macht den Kopf wieder frei und der frische Sauerstoff sorgt dafür, dass es im Anschluss wieder mit neuem Tatendrang und aufmerksam ans Werk gehen kann.

Die Füße vertreten

Das lange Stillsitzen im Unterricht macht gerade aufgeweckten, lebendigen Kindern Mühe. Aber generell tut es natürlich allen Kindern gut, wenn sie sich bewegen. Somit kann es für manche Kinder hilfreich ein, sich nach dem Mittagessen, bevor die Hausaufgaben oder das Diktatüben anstehen, erst mal die Beine zu vertreten. Man kann eine gemeinsame Runde um den Häuserblock drehen oder das Kind für ein paar Minuten zum Austoben in den Garten schicken. Etwas Tapetenwechsel bringt das Kind auf andere Gedanken und hilft, den angestauten Schulstress hinter sich zu lassen.

Versunken im Spiel

Welches Kind spielt nicht für sein Leben gerne? Nicht selten schalten die Kinder beim Spielen vollkommen ab, sind ganz in ihrer Welt versunken und bekommen nichts mehr mit von dem, was um sie herum geschieht. Das wird ihnen leider oft angekreidet. Dabei hilft dieses totale Versunkensein beim Abschalten und Entspannen, was zur Folge hat, dass neue Kräfte mobilisiert werden und die Kinder im Anschluss ihr inneres Gleichgewicht wiedergefunden haben. Es ist wirklich faszinierend, wie gut Kinder beim Spielen abschalten und dem hektischen, fordernden Alltag eine Weile entfliehen können.

Also gönnen Sie Ihrem Kind nach der Schule erst einmal eine Viertelstunde zum Spielen, damit es zur Ruhe kommt.

Wutnickel im Anmarsch?

Leider verläuft ein Schultag nicht immer so, wie ein Kind sich ihn wünscht. Streit unter Mitschülern, unangekündigte Tests, viele Hausaufgaben, Vertretungsstunden – all das kann schnell zu Stress führen. Und wenn besonders viel schiefläuft, kann das bei Kindern auch zu heftiger Wut oder letzten Endes auch zur Aggression führen. Natürlich ist jedes Kind anders und ein Patentrezept gegen kleine Wutnickel und Streithähne gibt es leider nicht. Aber vielleicht helfen folgende Ideen Ihrem Kind dabei, der Wut im Bauch ein Ventil zu geben, damit sie wieder entweichen kann:

- Eine lustige Kissenschlacht, die die gute Laune wiederherstellt
- Eine Minute so laut schreien, wie man will
- So lange tief ein- und ausatmen, bis alle Wut verraucht ist
- Auskitzeln, bis die Wut keine Chance mehr hat
- Eine Runde Seilchenspringen zum Auspowern
- In ein großes Kissen boxen, bis die Wut nachlässt
- Alle Wut in einen Luftballon pusten und diesen gut zuknoten, damit die Wut „gefangen" ist
- Den ganzen Körper von Kopf bis Fuß kräftig ausschütteln, um die Anspannung zu lösen
- Eine Runde zu flotter Musik tanzen, damit die gute Laune zurückkehrt

Viele bunte Luftballons

Wenn Ihrem Kind mal wieder der Kopf raucht oder die Gedanken Achterbahn fahren, hat es wenig Sinn, wenn es sich an die Hausaufgaben macht. Bitten Sie Ihr Kind, sich der Länge nach auf eine Decke oder das Bett zu legen. Dann schließt es die Augen und atmet ein paar Mal tief ein und wieder aus. Wenn es nun nichts mehr stört, soll es sich vorstellen, all die störenden Gedanken seien bunte Luftballons. Nun darf es versuchen, jeden dieser Luftballons, die im Kopf herumflattern, in Richtung Himmel zu schicken. Ein Ballon nach dem anderen steigt hinauf zum blauen Himmel. Immer höher und höher hinauf. Wie schön das aussieht! Und schließlich sind die Ballons so weit weg, dass alles ganz klein und unbedeutend aussieht und sich der Kopf mit einem Mal ganz leicht und frisch anfühlt.

Im Anschluss gönnen Sie Ihrem Kind noch einen Moment in dieser entspannten Situation. Danach bitten Sie es, tief ein- und auszuatmen, die Hände zu festen Fäusten zu ballen, sich ausgiebig zu recken und zu strecken. Jetzt müsste es wieder fit und aufnahmefähig sein.

Ganz ruhig und wunderbar entspannt

Sehr effektiv ist es, wenn Ihr Kind eine Entspannungsmethode beherrscht. Besonders gut geeignet ist beispielsweise das Autogene Training, da dies auch Kinder recht schnell und leicht erlernen können. Auch Progressive Muskelentspannung oder Yoga sind für Kinder hilfreiche Alternativen. Regelmäßig angewandt können diese Techniken eine wertvolle Hilfe für Ihr Kind sein, täglich gezielt zu entspannen und die Kraftreserven aufzufüllen, um im inneren Gleichgewicht zu bleiben. Kinder, die eine solche Entspannungsmethode sicher beherrschen, sind deutlich aufmerksamer, konzentrierter und lassen sich nicht so leicht ablenken. Außerdem wird ihr Immunsystem gestärkt und sie treten selbstbewusster auf. All das ist natürlich nicht nur im Schulalltag, sondern auch zu Hause bei den Hausaufgaben sehr hilfreich.

Koffer zu und weg damit!

Kreisen die Gedanken Ihres Kindes unaufhörlich? Dann lassen Sie es vor den Hausaufgaben all die störenden Gedanken, Sorgen, Probleme und Ideen in einen Koffer packen. Am besten funktioniert diese Übung im Liegen, aber sie geht auch im Sitzen, etwa am Schreibtisch. Ihr Kind nimmt auf dem Schreibtischstuhl eine bequeme Haltung ein, prüft, ob es bequem sitzt, und schließt die Augen.

Gedanke für Gedanke wandert nun in den imaginären Koffer hinein. Alles, was im Kopf herumflattert, ablenkt, stört oder gar bedrückt … Nach ein paar Minuten wird Ihr Kind selbst merken, dass sich der Kopf wieder frei anfühlt und die Gedanken wie weggeblasen sind. Dann klappt es den Kofferdeckel zu, verschließt den Koffer und stellt ihn für die Zeit der Hausaufgaben in die Abstellkammer.

Nun hat es erst einmal Ruhe vor den lästigen Gedanken und kann ungestört seine Hausaufgaben machen.

Arbeitspläne

Immer öfter arbeiten die Grundschulen mit Wochenplänen; die Kinder bekommen am Wochenanfang eine Liste mit Aufgaben, die sie während der Woche erledigen müssen.

Es gibt Kinder, die damit gar keine Probleme haben und sich die Arbeit ganz eigenständig und ohne Hilfe einteilen können. Dann gibt es Schüler, die setzen sich gleich montags hin und arbeiten die gesamte Liste durch, um den Rest der Woche frei zu haben.

Vielleicht erstellen Sie mit Ihrem Kind so eine Art Arbeitsplan für jede Woche. Dort können feste Termine wie Flötenunterricht, Schwimmkurs oder Fußball eingetragen werden, ebenso wie Arzttermine, Geburtstage oder Verabredungen, natürlich auch Klassenarbeiten. So hat Ihr Kind einen guten Überblick und lernt dabei, wie es sich die Aufgaben, das Üben und Lernen für Arbeiten am besten und sinnvollsten einteilen kann.

Licht in der Mitte des Tunnels

Ein Riesenberg Hausaufgaben liegt vor Ihrem Kind und vor lauter Arbeit weiß es gar nicht, womit es zuerst anfangen soll … Machen Sie Licht in der Mitte des Tunnels, sodass das Kind motiviert ist, mit dem Arbeiten zu beginnen. Vielleicht versprechen Sie ihm, dass Sie ihm eine kleine Geschichte vorlesen, wenn die Hälfte der Sachen erledigt ist. Oder Sie locken mit einer wohltuenden Massage oder mit etwas anderem, worauf sich Ihr Kind freuen kann.

Tun Sie das, auch wenn Sie selbst nach dem Motto leben „Erst die Arbeit, dann das Vergnügen". Denn wenn die Luft raus ist, ist es oft mühsam und eine langwierige Geschichte, den Rest der Aufgaben zu Ende zu bringen. Dann sollte man lieber eine effektive Pause einbauen!

Ich lerne mit allen Sinnen

Was wir nicht nur mit dem Kopf, sondern mit unseren Sinnen lernen und im wahrsten Sinne des Wortes begreifen, bleibt länger haften. Die Übungen und Spiele in diesem Kapitel sprechen alle Sinne Ihres Kindes an und helfen ihm somit, effektiver zu lernen.

Übungen zur Schulung der Sinne

Wenn wir lernen, so tun wir das nicht ausschließlich mit dem Kopf, sondern wir lernen und nehmen Informationen mit unserem ganzen Körper auf. Alle unsere Sinne sind sozusagen am Lernvorgang beteiligt. Je mehr Sinne dabei aktiviert werden, desto größer ist die Wahrscheinlichkeit, dass dieses Erlernte uns gut in Erinnerung bleibt und jederzeit wieder verfügbar ist.

Im heutigen Schulalltag gewinnt diese Tatsache wieder an Bedeutung. Dennoch gibt es nach wie vor Situationen, in denen der Lehrer vorne am Pult steht und etwas erklärt und an die Tafel schreibt. Die Kinder müssen dabei still auf ihren Stühlen sitzen, sollen aufmerksam zuhören

Wer den Lernstoff mit allen Sinnen aufnehmen kann, ist neugieriger und hat mehr vom Lernen.

und immer wieder Dinge von der Tafel abschreiben. Viel sinnvoller wäre es doch, wenn sie sich diesen Sachverhalt nicht nur durch Zuhören aneignen könnten, sondern auch dadurch, dass sie ihn befühlen, nachspielen und beGREIFEN können. Das macht nicht nur das Lernen um Längen interessanter, sondern die Kinder auch richtiggehend neugierig.

Erinnern Sie sich einmal daran, wie Ihr Kind noch ganz klein war. Sie konnten ihm bestimmte Dinge noch so oft erklären, es wollte diese Sachen viel lieber erfühlen, ertasten, sich anhören, schmecken, riechen und auf diese Weise mit allen Sinnen die große, weite Welt entdecken.

Stellen Sie sich vor, sie würden einem Kleinkind erklären, wie eine Banane schmeckt. Es könnte dies gar nicht begreifen und verstehen. Erst wenn es eine Banane in den Händen hält, sie riechen und ihre Form fühlen kann und ein Stück abbeißt, um den Geschmack kennenzulernen, wird es wissen, was

Ein Kleinkind muss in die Banane reinbeißen, um zu wissen, wie sie schmeckt.

Sie mit Worten versucht haben zu erklären. Aus diesem Grund finden Sie hier einige Übungen zu unseren verschiedenen Sinnen, die nicht nur Ihrem Kind bei Lernvorgängen hilfreiche Unterstützung bieten. Auch Sie als Eltern können aus den Übungen lernen und neue Anregungen und Impulse gewinnen.

Die Übungen stellen immer nur Möglichkeiten dar. Sie können diese selbstverständlich nach eigenen Vorstellungen um- oder abändern und problemlos auf andere Bereiche oder Themen übertragen, die Ihr Kind gerade im Unterricht durchnimmt. Die allermeisten Übungen kann man übrigens auch sehr gut mit mehreren Kindern durchführen.

Auch im Kapitel „Hurra, Lernen macht Spaß!" finden sich Ideen und Übungen, bei denen es ebenfalls um wichtige Sinne wie Fühlen und Sehen geht.

Hören

Lauter Geräusche im Kinderzimmer

Sie setzen sich mit Ihrem Kind ins Kinderzimmer. Zuerst schließt Ihr Kind seine Augen und Sie sehen sich im Raum um. Wenn Sie einen Gegenstand gefunden haben, dessen Geräusch Ihr Kind erraten soll, können Sie damit einen Klang erzeugen. Hat Ihr Kind den Gegenstand richtig erraten, ist es als Nächstes an der Reihe und darf sich einen Gegenstand aussuchen, den nun Sie mit geschlossenen Augen erraten müssen.

Hinweis

Wenn mehrere Kinder an dieser Spielaktion teilnehmen, sollten Sie schon einige Gegenstände auf den Tisch legen, damit das lange Suchen nach einem passenden Geräuschmacher vermieden wird. Denn sonst wird es den anderen Kindern, die den Gegenstand erraten müssen, schnell langweilig. Überdies dauert das Spiel sonst zu lang.

Was ist da drin?

Was Sie dafür brauchen: Luftballons und Füllmaterial wie Papierschnipsel, Büroklammern, Radiergummi, Stiftabfall aus dem Anspitzer, Perlen, Verschlusskappen von Filzstiften sowie einen Kugelschreiber und etwas Wasser

Vorbereitung: Füllen Sie die Luftballons mit den ausgewählten Dingen und blasen Sie sie leicht auf. Nicht zu prall aufblasen, weil sie sonst leicht zerplatzen!

Ihr Kind sitzt auf dem Boden oder auf einem Stuhl. Während es seine Augen geschlossen hält, geben Sie ihm einen gefüllten Luftballon. Durch Betasten, Schütteln usw. des gefüllten Ballons soll das Kind erraten, welcher Gegenstand sich darin befindet. Wurde das Füllmaterial richtig erraten, kommt der nächste Ballon ins Spiel.

Horch, was kommt von draußen rein

Ihr Kind sitzt oder liegt mit geschlossenen Augen im Raum. Während einer vereinbarten Zeit, beispielsweise 60 Sekunden, soll es versuchen, alle Geräusche, die von außerhalb des Raumes kommen, wahrzunehmen. Danach kann es Ihnen mitteilen, was es gehört hat, die Geräusche aufschreiben oder auf ein Blatt Papier malen.

Spielvarianten
- Sie können Ihr Kind mitzählen lassen, wie viele unterschiedliche Geräusche es hören konnte.
- Das Kind soll nur die Geräusche wahrnehmen und aufzählen, die im Haus zu hören sind.
- Nur die Geräusche, die außerhalb des Hauses zu hören sind, sollen wahrgenommen und richtig zugeordnet werden.

Ein kleiner Tipp

Schließen auch Sie während dieser Zeit die Augen und spielen Sie mit. Vielleicht gibt es ja Geräusche, die nur einer von Ihnen vernommen hat. Oder Sie denken sich gemeinsam kleine Geschichten zu den gehörten Geräuschen aus und überlegen zum Beispiel, was der Vogel im Baum gezwitschert haben könnte.

Mein Schulweg

Was Sie dafür brauchen: Einen Kassettenrekorder mit Mikrofon und Leerkassette (oder ein anderes Aufnahmegerät)

Vorbereitung: Nehmen Sie Geräusche auf dem Weg zur Schule und in der Schulumgebung auf.

Ihr Kind sitzt auf seinem Stuhl oder sucht sich einen beliebigen Platz im Raum und macht es sich gemütlich. Dann schließt es die Augen und Sie spielen die Geräusche ab. Danach darf Ihr Kinder alle Geräusche nennen, die ihm aufgefallen sind. Vielleicht kennt Ihr Kind das eine oder andere Geräusch vom Schulweg, den es täglich geht.

Hinweis

Diese Übung ist sehr zeitaufwendig. Aber die Mühe lohnt sich. Es ist wirklich toll, Straßengeräusche auf einem kleinen Spaziergang in Richtung Schule aufzunehmen. Wenn es markante Geräusche sind, erraten ältere Kinder sicher auch gleich den Weg, den man beim Aufnehmen gegangen ist.

Riechen

Bunter Obstkorb

Was Sie dafür brauchen: Frisches Obst der Saison

Ihr Kind schließt seine Augen und Sie halten ihm ein Stück Obst unter die Nase. Wenn es die Sorte richtig erraten hat, werden die Rollen getauscht und Sie müssen nun eine andere Sorte an ihrem Geruch erkennen.

Ein kleiner Tipp

Wenn das Obst ganz frisch und reif ist und zudem noch aufgeschnitten wird, entfaltet sich der Duft besser und man kann es leichter erraten. Dieses Spiel eignet sich auch hervorragend für Kindergeburtstage, denn danach können alle gemeinsam aus den aufgeschnittenen Früchten einen leckeren Obstsalat zubreiten und ihn gleich aufessen.

Ih, wie riecht denn das?

Was Sie dafür brauchen: Verschiedene Obstsorten der Saison und einige Gewürze wie beispielsweise Oregano, Curry, Thymian oder Pfeffer

Vorbereitung: Schneiden Sie das Obst auf und öffnen Sie die Gewürzbehälter.

Wie bei der letzten Übung spielen auch hierbei wieder Sie oder ein anders Kind den Spielpartner für Ihr Kind. Ihr Kind darf beginnen und schließt seine Augen. Nun bekommt es von Ihnen nacheinander ein paar Obstsorten unter die Nase gehalten und zwischendurch ein Gewürz, was da beim Obst überhaupt nichts zu suchen hat. Nach Möglichkeit soll das Kind auch dieses Gewürz erraten. Im Anschluss werden die Rollen getauscht und Sie müssen herausfinden, was sich da zwischen das Obst gemogelt hat.

Ein kleiner Tipp

Sie müssen nicht zwingend irgendwelche Gewürze für diese Übung nehmen. Ihr Kind kann auch an einem Glas Senf, einer Zwiebel, einer Knoblauchzehe oder dergleichen riechen.

Oh, wie riecht das gut!

Was Sie dafür brauchen: Fläschchen mit ätherischen Ölen

Ihr Kind setzt sich auf den Boden und schließt seine Augen. Nun öffnen Sie eines der Fläschchen oder träufeln ein, zwei Tropfen Öl auf ein Taschentuch und reichen es dem Kind. Kann es erschnüffeln, um welches Öl es sich handelt?

Hinweis

Sie können diese Übung auch auf bestimmte Duftrichtungen beschränken, beispielsweise auf Öle, die entspannend wirken. Wenn Sie die Übung gezielt dazu einsetzen, die Aufmerksamkeit Ihres Kindes zu fördern, können Sie Öle benutzen, die belebend wirken und die Konzentration hilfreich unterstützen. Welche Öle dazu am besten geeignet sind, entnehmen Sie dem Kapitel „Hilfreiche Aromaöle".

Schmecken

Errätst du diesen Saft?

Was Sie dafür brauchen: Gläser oder Becher mit unterschiedlichen Säften, etwa Orangensaft, Apfel-, Birnen-, Kirsch-, Bananen-, Ananas-, Pfirsich- oder Traubensaft

Sie reichen Ihrem Kind nach und nach einen anderen Becher. Daraus soll es je einen Schluck trinken und erraten, welchen Saft es gerade probiert hat. Wenn Sie die Becher mit Zahlen markieren, kann Ihr Kind sich auch merken, welche Zahl der erratene Saft hat.

Zwei kleine Tipps

Wirkungsvoller ist es natürlich, wenn Ihr Kind die Farbe des jeweiligen Saftes nicht sehen kann, damit es sich wirklich nur auf seinen Geschmackssinn verlassen kann!

Wenn mehrere Kinder an der Spielaktion teilnehmen, verteilen Sie Strohhalme, mit deren Hilfe sie den Saft trinken können. Übrigens, der Strohhalm hilft beim Erraten und Schmecken der Säfte, da der Geschmack wesentlich konzentrierter wahrgenommen wird.

Hm, das schmeckt wie ...

Was Sie dafür brauchen: Gewaschenes, aufgeschnittenes frisches Gemüse wie Möhren, Salatgurke, Radieschen, Paprika, Cocktailtomaten, Blumenkohl

Ihr Kind schließt die Augen und Sie geben ihm ein kleines Stück aufgeschnittenes Gemüse in den Mund, das es „erschmecken" muss. Hat es die Gemüsesorte richtig erkannt, werden die Rollen gewechselt. Am Ende des Spiels sind alle vorbereiteten Gemüsestückchen aufgegessen.

Ein kleiner Tipp

Aus dem restlichen Gemüse kann man leckere Rohkostspieße kreieren. Dazu piekt man die Gemüsestückchen – je nach Sorte im Ganzen oder klein geschnitten – auf hölzerne Schaschlikspieße und fertig ist ein gesunder, mal etwas anderer Pausensnack! Wenn man Zeit und Lust hat, kann man dazu einen Kräuterdip reichen.

Tasten und fühlen

Was hast du da im Krabbelsack?

Was Sie dafür brauchen: Stofftaschen oder kleine Säckchen, Schulgegenstände wie Stifte, Anspitzer, Radiergummi, Locher, Schulheft, Kreide, Lineal usw.

Vorbereitung: Füllen Sie die Taschen mit jeweils einem Gegenstand.

Ihr Kind nimmt sich eine der gefüllten Taschen und ertastet mit den Händen, was sich darin befindet. Hat es den Gegenstand richtig erraten, darf es sein Glück bei der nächsten Tasche versuchen.

Zwei kleine Tipps

Wenn Sie diese Übung mit einer großen Gruppe von Kindern machen, sollten Sie mehrere Taschen oder Säckchen vorbereiten, da es sonst langweilig ist, wenn immer nur ein Kind fühlen und tasten darf. Die Kinder sollten sich in einen Kreis setzen und die gefüllten Taschen von Kind zu Kind wandern lassen.

Weniger aufwendig ist das Spiel, wenn Sie die Kinder einige Dinge zusammentragen lassen und diese dann auf einem Tisch ausbreiten (die Kinder dürfen dabei natürlich nicht zuschauen). Darüber legen Sie ein großes Tuch oder Bettlaken. Nun können sich die Kinder um den Tisch verteilen und unter dem Tuch krabbeln und fühlen, was dort alles liegt.

In meinem Mäppchen ist was los

Was Sie dafür brauchen: Ein Federmäppchen mit einigen Gegenständen und ein Tuch

Das Federmäppchen wird auf den Tisch oder Boden gelegt, sodass Ihr Kind alles sehen kann, was sich im Moment darin befindet. Nach einiger Zeit, wenn Ihr Kind der Meinung ist, sich alle Gegenstände gemerkt zu haben, schließt es die Augen. In dieser Zeit nehmen Sie einen Gegenstand aus dem Mäppchen heraus, legen diesen hinter sich und decken anschließend ein Tuch über das Mäppchen. Ihr Kind darf seine Augen wieder öffnen und durch Ertasten des Federmäppchens herausfinden, welchen Gegenstand Sie entwendet haben.

Ein kleiner Tipp

Wenn viele Kinder mitspielen, könnte man mehrere Kleingruppen bilden, die sich gegenseitig ihre Federmappen zur Verfügung stellen, Gegenstände herausnehmen und anschließend ertasten.

Das Abc

Was Sie dafür brauchen: Holzbuchstaben oder aus Tonkarton ausgeschnittene Buchstaben

Sie reichen Ihrem Kind einen Buchstaben, den es mit geschlossenen oder verbundenen Augen gründlich ertasten muss. Hat es ihn richtig erraten, kommt der nächste Buchstabe dran usw.

Diese Übung fördert die Konzentration und Aufmerksamkeit auf entspannte, lustige Art. Schon das Ausschneiden der Buchstaben aus bunter Pappe macht Ihrem Kind bestimmt eine Menge Spaß.

Ein kleiner Tipp

Wenn mehrere Kinder am Spiel teilnehmen, sollten Sie diese in kleinere Gruppen aufteilen. So können sie sich gegenseitig die Buchstaben reichen. Sie können sich auch mit allen Kindern in einen Kreis setzen und mit etwas zeitlichem Abstand die Buchstaben von Kind zu Kind wandern lassen.

Spielvarianten für ältere Kinder

- Geben Sie Ihrem Kind oder den Kindern die Buchstaben des Abc in der Reihenfolge, dass ein Wort daraus entsteht. Die Kinder müssen in diesem Fall natürlich besonders aufmerksam sein, die Buchstaben richtig ertasten und sie sich merken, um am Ende das gesuchte Wort zu erraten.

- Noch interessanter wird es für ältere Kinder, wenn man sie in zwei verschiedene Gruppen einteilt und das Wörterraten als Wettspiel dieser zwei Mannschaften ausrichtet. Welche Mannschaft hat das Wort als erste richtig erfühlt und erraten?

- Auch sehr interessant und überaus begehrt ist die gerade genannte Variante des Spiels, wenn die Kinder die erste Fremdsprache lernen. Dann lassen Sie die Kinder Vokabeln in dieser Sprache erraten. So wird das lästige, sture Vokabelpauken zum entspannten Zeitvertreib für alle Beteiligten!

Stimmt die Rechnung oder nicht?

Was Sie dafür brauchen: Zahlen und Rechenzeichen aus Holz oder fester Pappe beziehungsweise Tonkarton

Legen Sie mit den Zahlen und Zeichen, dem Wissensstand Ihres Kindes angepasst, eine Rechengleichung auf den Tisch, etwa $9 - 3 = 6$. Darüber decken Sie entweder ein Tuch oder Sie lassen Ihr Kind mit geschlossenen Augen ertasten, welche Zahlen und Zeichen da liegen und wie die Gleichung lautet.

Ein kleiner Tipp
Wenn Sie mit mehreren Kindern spielen, können sich diese auch gegenseitig verschiedene Rechenaufgaben legen. Das macht den Spielverlauf interessanter!

Spielvariante
Sie können in die Gleichungen ab und zu kleine Fehler einbauen und ein falsches Ergebnis legen. Ihr Kind wird die Gleichung dann besonders aufmerksam und konzentriert ertasten müssen und zudem noch im Kopf nachrechnen, ob das Ergebnis tatsächlich stimmt!

Sehen

Auf dem Schreibtisch tut sich was

Was Sie dafür brauchen: Dinge oder Arbeitsmaterialien, die auf dem Schreibtisch liegen

Auf dem Tisch liegen allerhand Dinge, beispielsweise eine Federmappe, Stifte, ein geöffnetes Schulheft, ein Schulbuch, ein Anspitzer und nach Bedarf einiges mehr. Ihr Kind betrachtet nun in aller Ruhe die Gegenstände auf dem Tisch und schließt dann seine Augen. Sie verändern in diesem Moment eine Kleinigkeit: schließen das Schulheft, lassen einen der Stifte verschwinden oder dergleichen. Dann darf Ihr Kind seine Augen wieder öffnen und Ihnen mitteilen, was sich auf dem Tisch getan hat.

Ein kleiner Tipp
Je nach Alter des Kindes können auch mehrere Dinge gleichzeitig auf dem Schreibtisch verändert werden. Eventuell können auch Dinge auf den Tisch geschmuggelt werden, die dort eigentlich überhaupt nichts zu suchen haben: ein Legostein, ein Spielzeugauto, eine Murmel oder etwas anderes. Sicher hat Ihr Kind selbst noch einige Ideen, wie man dieses Spiel variieren kann.

Welcher Buchstabe fehlt denn hier?

Was Sie dafür brauchen: Ein Blatt Papier und einen Stift

Sie schreiben einen langen Satz auf ein Blatt Papier und lassen dabei in einem Wort einen Buchstaben weg. Ihr Kind soll durch aufmerksames Beobachten feststellen, in welchem Wort ein Buchstabe fehlt.

Diese Übung eignet sich wunderbar, um mit Ihrem Kind die Rechtschreibung zu üben. Wenn Sie etwas Zeit in die Vorbereitung investieren, können Sie Ihrem Kind auch einen kleinen Text überreichen, in den Sie viele Fehler eingebaut haben. Ihr Kind soll nun feststellen, welche Fehler sich da eingeschlichen haben. Ob es wohl auf Anhieb alle eingebauten Fehler findet?

Übrigens, meist fallen einem die Fehler, die andere gemacht haben, viel eher ins Auge. Deswegen macht es Kindern so viel Spaß, im Übungsdiktat eines anderen Kindes auf Fehlersuche zu gehen.

Spielvariante für ältere Kinder

Kinder, die eine Fremdsprache erlernen, korrigieren gern den Aufsatz oder die Hausaufgaben von anderen Kindern in dieser Sprache. So wird die Konzentration gefördert und die Kinder lernen die Sprache ganz nebenbei.

Etwas stimmt hier nicht!

Für mindestens 2 Kinder

Alle Kinder sitzen im Kreis oder, bei zwei Kindern, einander gegenüber. Ein Kind darf beginnen und alle Mitspieler gut beobachten. Hat es alles wahrgenommen, schließt es seine Augen. Die anderen Kinder dürfen nun eine Kleinigkeit an sich verändern: einen Socken ausziehen, mit dem Nachbarn einen Schuh tauschen zum Beispiel. Nun darf das Kind seine Augen öffnen und wieder in Ordnung bringen, was bei seinen Mitspielern nicht stimmt.

Ein kleiner Tipp

Jüngere Kinder fühlen sich sicherer, wenn sie einen Spielpartner haben, der ihnen beim Aufdecken der vertauschten Dinge hilft. Ebenso gut kann man das Spiel aber auch in Kleingruppen von zwei bis vier Kindern durchführen, dann ist es nicht so schwer herauszufinden, was die Kinder an sich verändert haben. Denn drei Kinder intensiv und aufmerksam zu beobachten verlangt schon eine Menge Konzentration. Deshalb können Sie diese Übung auch nur zu zweit mit Ihrem Kind durchführen.

Wen hab ich vergessen?

Für mindestens 6 Kinder

Was Sie dafür brauchen: Eventuell eine Decke, ein Bettlaken oder die Jacken der Kinder

Alle Kinder sitzen im Kreis. Ein Kind darf sich nun umdrehen und seine Augen schließen. Währenddessen verschwindet eins der im Kreis sitzenden Kinder unter einer Decke oder dem Haufen Jacken. Nun darf das Kind seine Augen wieder öffnen und durch genaues Beobachten herausfinden, welches Kind verschwunden ist.

Je mehr Kinder anwesend sind, desto schwieriger wird es, herauszufinden, welches Kind aus dem Kreis verschwunden ist. Jüngeren Kindern können nach einiger Zeit des Überlegens auch kleine Tipps (Haarfarbe, Freund von Florian, isst gern Äpfel …) gegeben werden, wenn das verschwundene Kind partout nicht erraten wird.

Spielvarianten für ältere Kinder

- Bei älteren Kindern sollten die Spieler auch ihre Plätze tauschen, damit nicht sofort am freien Platz erkannt wird, welches Kind fehlt.
- Noch schwieriger wird es, wenn die Kinder eine Liste erhalten, auf der alle Namen der anwesenden Kinder stehen. Einer wurde dabei jedoch vergessen – wer fehlt?

Was gehört da gar nicht hin?

Was Sie dafür brauchen: Memorykarten, Postkarten oder kleine Karten mit selbst gemalten Bildern

Sie zeigen Ihrem Kind Memorykarten mit verschiedenen Motiven, die aber bis auf eins alle derselben Gruppe angehören, beispielsweise Bilder von Obstsorten. Doch in die Bilder hat sich ein falsches Bild hineingemogelt, etwa eine Möhre, die als Gemüse natürlich nichts beim Obst verloren hat. Ihr Kind muss durch genaues Beobachten herausfinden, wie die einzelnen Bilder zusammenpassen und welches der Bilder nicht in diese Gruppe gehört.

Vorschläge für mögliche Gruppierungen:

- Alles, was fliegt: Drachen, Flugzeug, Luftballon, Schmetterlinge, Vogel, Heißluftballon, Hubschrauber, Zeppelin. Falsch: Boot
- Alles, was rot ist: Kirsche, Kirchdach, Ketchup, Tomate, Mohnblume, Feuerwehrauto, Apfel, Ampel, Stoppschild, Feuer. Falsch: Gänseblümchen
- Alles, was fahren kann: Dreirad, Auto, Bobby-Car, Roller, Bus, Zug, Lastwagen, Rollschuhe, Taxi, S-Bahn. Falsch: Flugzeug
- Weitere Gruppen: Gemüse, Tiere mit vier Beinen, Säugetiere, Monate, Tiere mit Flügeln, Pizzabeläge, Buchtitel, Rechenaufgaben, bei denen nur dividiert wird, usw.

Ein kleiner Tipp

Lassen Sie Ihr Kind beim Malen oder Sammeln der verschiedenen Bilder und Gruppen mithelfen. Desto mehr Spaß macht es ihm, beim Spielen herauszufinden, was nicht dorthin gehört.

Ich erinnere mich genau

Wer ein gutes Gedächtnis hat, hat viele Vorteile im Leben. Schon in der Schule ist es enorm wichtig, dass die Schüler sich ihren Lernstoff gut merken können. Doch keine Sorge: Auch wenn Ihr Kind gern mal was vergisst, lässt sich seine Erinnerungsfähigkeit effektiv trainieren. Und zwar auf ganz unterhaltsame Art und Weise.

Lustiges Gedächtnistraining

Kinder, die sich Dinge gut merken können, haben es in der Schule meist leichter. Ein gutes Gedächtnis hilft nicht nur beim Erledigen der Schulaufgaben, beim aktiven Mitarbeiten im Unterricht und beim Erlernen von Vokabeln im Fremdsprachenunterricht, sondern natürlich auch bei Klassenarbeiten, da das im Unterricht erarbeitete Wissen schnell abrufbar ist.

Manchen Kindern fällt es jedoch schwer, sich zu erinnern, sich wichtige Sachen zu merken und diese somit stets abrufbereit im Kopf zu haben. Mit den Spielaktionen und Ideen in diesem Kapitel können Sie dem Gedächtnis Ihrer Tochter oder Ihres Sohnes kindgerecht auf die

Mit diesen Übungen helfen Sie dem Gedächtnis Ihres Kindes auf die Sprünge – und Ihrem eigenen!

Sprünge helfen. Denn nicht nur für den Schulalltag ist ein

gutes Gedächtnis von Vorteil. Und Sie werden schon nach kurzer Zeit bemerken, dass Sie mit diesem spielerischen Gedächtnistraining zwei Fliegen mit einer Klappe schlagen: Nicht nur Ihr Kind profitiert davon, sondern auch Sie selbst halten sich dadurch geistig fit und schulen Ihr Erinnerungsvermögen!

Die meisten Übungen und Spielaktionen können auch gut mit mehreren Kindern durchgeführt werden.

Die Schule find ich …

Bilden Sie gemeinsam mit Ihrem Kind eine Wortkette, bei der das neue Wort mit dem Buchstaben beginnen muss, mit dem das vorherige Wort endet. Das könnte dann folgendermaßen aussehen: „Die Schule find ich öde – einmalig – großartig – geil – lustig … "

Ein kleiner Tipp

Man kann dieses Spiel auch als kleines Wettspiel durchführen. Sobald einem Kind nach kurzem Überlegen kein neues Wort einfällt, scheidet es aus. Derjenige, dem bis zum Schluss immer noch passende Wörter einfallen, ist der Sieger. Diese lustige Variante eignet sich auch gut für ein Geburtstagsfest.

Ich packe meinen Schulranzen

Setzen Sie sich gemeinsam mit Ihrem Kind auf den Boden. Bei mehreren Mitspielern bilden Sie am besten einen Kreis.

Ihr Kind darf beginnen und sagt: „Ich packe meinen Schulranzen und tue hinein: mein Heft." Sie wiederholen diesen Satz und fügen eine weitere Sache hinzu. Der Schulranzen wird dabei so lange gepackt, bis die lange Liste mit Gegenständen nicht mehr auswendig aufgezählt werden kann.

Dieses Spiel ist an das altbewährte Spiel „Ich packe meinen Koffer" angelehnt. Diese Variante ist etwas frischer und ganz gezielt auf die Schule bezogen. Durch das aufmerksame Zuhören und Erweitern des Satzes werden Gedächtnis und Konzentration Ihres Kindes trainiert.

Spielvariante für ältere Kinder

Für ältere Kinder, für die das altbekannte Spiel in dieser Form zu langweilig ist und keine Herausforderung mehr darstellt, kann man es abwandeln: Der erste Gegenstand, der eingepackt wird, muss mit dem Buchstaben A beginnen, der nächste mit dem Buchstaben B usw. – bis hin zum Buchstaben Z!

Lustige Namenskette

Für mindestens 6 Kinder

Die Kinder sitzen im Kreis und bilden eine lustige Namenskette. Jedes Kind muss sich nämlich näher bezeichnen, indem es vor seinen Namen ein Adjektiv setzt, das mit demselben Buchstaben beginnt wie sein Name. Die anderen Kinder müssen dann die bereits genannten Namen wiederholen, bevor sie ihren eigenen Namen jeweils ans Ende der Kette setzen.

Hier ein paar Beispiele: die süße Susan, der trottelige Tobias, der flotte Floris, die lustige Luka, die pfiffige Pina, die müde Mara etc.

Ein kleiner Tipp

Wenn nicht so viele Kinder anwesend sind, kann man einfach mehrere Durchgänge machen und die Kinder denken sich weitere Begriffe aus: die süße, sanfte Susan, der trottelige, trotzköpfige Tobias, der flotte, flinke Floris, die lustige, listige Luka, die pfiffige, prächtige Pina, die müde, modische Mara etc.

Übrigens eignet sich dieses konzentrationsfördernde Spiel besonders gut für Kindergruppen, die sich gerade erst kennenlernen. Denn dadurch, dass die Namen ständig wiederholt werden, vergisst man sie nicht sofort wieder. Gerade in neuen Gruppen, in denen sich die Kinder noch nicht gut kennen, schafft es großes Vertrauen, wenn die Kinder direkt mit Namen angesprochen werden. Auf diese Weise prägen sich diese im Nu ein.

Spielvariante für ältere Kinder

Man lässt die Kinder hierbei ganze Sätze bilden, die von allen folgenden Kindern ständig wiederholt werden: Die feine Finja mag gerne Feigen, der tolle Tim mag gern Tomaten, der super Sebastian mag gerne Schokolade und der alberne Adrian liebt Apfelkuchen …

Obstschlange

Für mindestens 2 Kinder

Was Sie dafür brauchen: Verschiedene Obstsorten

Die Kinder sitzen in einem Kreis beisammen und bilden der Reihe nach eine Obstschlange in Form von aneinandergereihten Obstsorten: Meine Obstschlange besteht aus Äpfeln, Kiwis, Orangen …

Die Kinder zählen jedes Mal alle bisher genannten Obstsorten wieder auf, bevor sie ihr Obst dazulegen.

Zwei kleine Tipps

Um das Spiel etwas kniffliger zu gestalten und somit die Aufmerksamkeit der Kinder zu fördern, kann man die Obstschlange durch das Abc wandern lassen. Die Obstschlange beginnt dann mit einer Obstsorte, die den Buchstaben A am Anfang trägt, wie Apfel, Ananas oder Apfelsine. Dahinter folgt eine Sorte mit dem Anfangsbuchstaben B, dann C, D usw.

Oder die Kinder taufen ihre Obstschlange Benni und füllen diese dann selbstverständlich nur mit Obstsorten, die auch mit B beginnen: Birnen, Bananen, Brombeeren usw. Bei welchem Buchstaben wird die Obstschlange wohl am längsten?

Name, Schulfach und noch mehr

Für mindestens 2 Kinder

Was Sie dafür brauchen: Pro Kind ein Blatt Papier und einen Stift

Die Kinder legen das Blatt quer und teilen es in mehrere Spalten ein. Über jede Spalte werden nun Begriffe geschrieben. Beispielsweise: Namen, Schulfächer, Straßennamen unserer Stadt, Schulutensilien, Wie ich die Schule finde oder Ähnliches.

Eines der Kinder zählt nun in Gedanken das Abc durch. Ein anderes sagt irgendwann „Stopp!" Der Buchstabe, bei dem das Kind in Gedanken gerade war, bestimmt nun die Spielrunde. Schnellstmöglich müssen den Kindern für jede Spalte passende und mit diesem Buchstaben beginnende Wörter einfallen. Das erste Kind, das alle Begriffe gefunden hat, ruft „Stopp!" und dann werden die gefundenen Begriffe und Wörter untereinander ausgetauscht.

Ein Beispiel mit dem Buchstaben B:

- Name: Benjamin
- Schulfach: Biologie
- Straßennamen: Beethovenstraße
- Schulutensilien: Buntstifte
- Wie ich die Schule finde: blöd

Ein kleiner Tipp

Für die Kinder ist es in der Regel interessanter, wenn nach jeder Spielrunde Punkte verteilt werden. Dabei zählt jedes Wort, das kein anderer hat, 10 Punkte. Hat ein weiteres Kind dasselbe Wort, werden nur 5 Punkte verteilt. Wenn bei einer Spalte nur ein einziges Kind einen Begriff stehen hat, erhält es dafür 20 Punkte.

Diese abgewandelte Variante des allseits bekannten und beliebten Spieles „Stadt, Land, Fluss" erhält mit diesen auf das Lernen und die Schule bezogenen Begriffen wieder neuen Pep und fördert das entspannte Lernen sowie die Konzentration.

Eckenrechnen

Für mindestens 2 Kinder

Die Kinder stellen sich alle in eine Ecke im Raum. Nun stellen Sie eine Rechenaufgabe, die die Kinder ihrem Wissensstand nach auch lösen können. Die Aufgabe muss durch Kopfrechnen gelöst werden. Das Kind, welches diese Aufgabe im Kopf als erstes richtig gelöst hat, darf dann eine Raumecke weiter gehen; die anderen bleiben an ihrem Platz stehen. Dann wird die nächste Aufgabe gestellt usw.

Man kann daraus auch ein Wettspiel machen: Das Kind, das als erstes wieder in der Ausgangsecke ankommt, hat gewonnen.

Ein kleiner Tipp

Für Schulkinder jeden Alters ist diese Art Spiel viel interessanter und motivierender, als auf Papier Rechnen zu üben oder irgendwelche Aufgaben zu lösen. Außerdem ist dafür keine aufwendige Vorbereitung oder spezielles Material notwendig.

Wer buchstabiert am schnellsten?

Für mindestens 2 Kinder

Was Sie dafür brauchen: Eine Uhr mit Sekundenzeiger

Die Kinder werden in zwei Gruppen geteilt, die sich am besten gegenübersitzen. Die erste Gruppe darf beginnen und Sie stoppen die Zeit mit der Uhr. Jedes Kind aus dieser Gruppe muss versuchen, so schnell wie möglich seinen Namen (je nach Wunsch auch Vor- und Zuname) zu buchstabieren. Sobald das eine Kind fertig ist, macht sofort das nächste weiter, bis alle Kinder dieser Gruppe dran waren. Dann wird notiert, wie lange die Gruppe fürs Buchstabieren gebraucht hat. Die andere Gruppe muss nun natürlich versuchen, die Zeit, die die andere Gruppe vorgelegt hat, zu unterbieten.

Wenn Sie als Erwachsener der Spielpartner sind, sollten Sie, damit Sie nicht im Vorteil sind, vorab eine Ausnahmeregel festlegen. Sie als Erwachsener müssen nicht Ihren Namen buchstabieren (das wäre zu leicht), sondern etwa ein schwieriges Fremdwort oder ein ganz langes Wort, das aus besonders vielen Buchstaben besteht!

Ein kleiner Tipp

Dieses Spiel fördert nicht nur das Gedächtnis und die Reaktionsfähigkeit, sondern auch die Konzentration. Zudem macht es wirklich viel Spaß. Besonders lustig und lernfördernd ist es, wenn man die Namen in einer der bisher erlernten Fremdsprachen buchstabieren muss!

Was zeigt das Bild?

Was Sie dafür brauchen: Ein interessantes Bild, auf dem es viel zu entdecken gibt, etwa ein Wimmelbuch

Sie zeigen Ihrem Kind das Bild für circa zwei bis drei Minuten (abhängig vom Motiv und davon, wie viel darauf zu erkennen ist). Von diesem soll sich Ihr Kind nun so viele Dinge merken wie möglich. Nach der vereinbarten Zeit wird das Bild weggelegt und Ihr Kind zählt all die Dinge auf, die es sich in dieser Zeit gemerkt hat.

Auch hier können Sie als Mutter oder Vater prima als Mitspieler und somit Gegenpartei einspringen. Das hilft auch Ihrem Gedächtnis auf die Sprünge. Betrachten Sie also das Bild gemeinsam mit Ihrem Kind. Im Anschluss müssen auch Sie alles aufzählen, was Ihnen in Erinnerung geblieben ist.

Ein kleiner Tipp

Man kann dieses Spiel mit älteren Kindern, eventuell auf einem Kinderfest, auch als Wettspiel mit zwei Mannschaften durchführen. Die Mannschaft, die sich die meisten Dinge gemerkt hat, ist Sieger.

Bei jüngeren Kindern dagegen sollte man diese Art Wettstreit lieber noch vermeiden, hier soll mehr die Freude am Spiel im Vordergrund stehen. Denn sonst wird der Druck zu groß, etwas besonders Gutes leisten zu müssen. Und gerade dies wollen die Übungen in diesem Buch ja vermeiden, um den Kindern Wege zum entspannten Lernen zu öffnen.

Doppelwortkette

Sie setzen sich mit Ihrem Kind auf den Boden und machen es sich bequem. Sie bilden einen Begriff, der aus zwei zusammengesetzten Wörtern besteht. Ihr Kind muss nun aus dem letzten der beiden Wörter ein neues Doppelwort bilden usw. Das Spiel lässt sich auch mit mehreren Kindern spielen.

Beispiel: Regenpause – Pausenbrot – Brotscheibe – Scheibenwischer …

Ein kleiner Tipp

Wenn einem Mitspieler kein Wort einfällt, ist einfach der nächste an der Reihe. Sollte allen Mitspielern bei einem Begriff kein passendes Wort einfallen, wird das Wortspiel einfach mit einem neuen Wort gestartet.

Superhirn

Was Sie dafür brauchen: Ein Blatt Papier und einen Stift

Sie denken sich ein Wort mit vier Buchstaben aus. Ihr Kind muss nun versuchen, schnellstmöglich dieses Wort zu erraten. Dazu schreibt es ein Wort mit vier Buchstaben auf das Blatt Papier. Sie vergleichen dieses Wort mit dem, das Sie sich ausgedacht haben. Die Buchstaben, die übereinstimmen und auch an der richtigen Stelle stehen, kennzeichnen Sie mit einem schwarzen, ausgemalten Punkt darunter. Stimmt in dem geschriebenen Wort ein Buchstabe mit Ihrem Wort überein, steht aber nicht an der richtigen

Stelle, malen Sie einen Kringel darunter. Ist kein Buchstabe richtig, kennzeichnen Sie dies durch einen Strich. Das Kind rät so lange weiter, bis es schließlich das richtige Wort gefunden hat.

Ein kleiner Tipp

Dieses Spiel eignet sich eher für ältere Kinder ab etwa 8 Jahren. Wenn es dennoch zu schwer sein sollte, können Sie den ersten Buchstaben Ihres Wortes vorgeben. Das erleichtert das Raten.

Ich lauf und tanz mir den Kopf frei

Unsere Kinder sitzen zu viel und bewegen sich zu wenig: Sie sitzen in der Schule, zu Hause beim Hausaufgabenerledigen und vor Fernseher und PC. Das führt schnell zu körperlichen Verspannungen. Dann wird es höchste Zeit, die Kinder auf Trab zu bringen! So kriegen sie schnell wieder den Kopf frei und können bald alle Anspannung loslassen.

Bewegungs- und Reaktionsspiele

Kinder haben ein ganz natürliches Bedürfnis, sich zu bewegen. Doch leider haben sie nur selten die Möglichkeit. ihren Bewegungsdrang auch im ausreichenden Maße auszuleben. Durch schlechte Wohnbedingungen oder Spielmöglichkeiten in den Städten oder das lange Stillsitzen in der Schule kommen die Kinder nicht dazu, sich

Gegen Verspannungen und Konzentrationsprobleme hilft herumtollen und sich richtig austoben!

ausgiebig zu bewegen, sich auszutoben und so die angestauten Spannungen abzubauen. Stunde um Stunde müssen sie still und fast regungslos auf ihren Stühlen sitzen bleiben und dabei aufmerksam dem Unterricht folgen. Körperliche

Verspannungen, Unlust, Trägheit und nicht zuletzt Konzentrationsprobleme sind nur allzu häufig die Folgen dieser vorwiegend sitzenden Lebensweise.

Da Bewegungs-, Tanz- und Reaktionsspiele den Kindern nicht nur viel Freude bereiten, sondern zudem zu körperlicher Aktivität verhelfen und diese auf einfühlsame Art und Weise lenken, finden Sie in diesem Kapitel einige bewegungsfreundliche Spielaktionen, die Kindern helfen, innere Spannungen zu lösen, ihren Kräften freien Lauf zu lassen und den Kopf wieder frei zu bekommen. Danach können sie wieder konzentriert und aufmerksam lernen oder arbeiten.

Mein Punchingball

Was Sie dafür brauchen: Einen großen runden Luftballon (am besten mit einem Durchmesser von 50 bis 70 Zentimetern) und ein festes Gummiband, alternativ einen Luftballon, der bereits ein Band an seiner Öffnung hat. (Diese gibt es bei einigen Versandhäusern und gut ausgestatteten Spielwarenläden fertig zu kaufen. Sie sind in der Regel auch wesentlich stabiler als die selbst hergestellten.)

Vorbereitung: Blasen Sie den Ballon auf und binden an dem Knoten, der ihn verschließt, mit dem Gummiband eine 10 bis 15 Zentimeter lange Schlaufe.

Ihr Kind darf bei dieser Spielaktion einmal seiner ganzen Wut und dem ganzen Frust freien Lauf lassen, indem es richtig kraftvoll mit den Händen in den Ballon boxt oder mit den Füßen dagegen tritt. Dazu hält ein anderes Kind oder besser noch ein Erwachsener den Punchingball an der Gummischlaufe in Schulterhöhe des Kindes.

Ein kleiner Tipp

Wenn Ihr Kind auch gegen den Punchingball treten darf, sollten Sie unbedingt darauf achten, dass er eine gute Qualität hat. Je größer der Umfang, desto stabiler, dehnbarer und reißfester ist in der Regel das Gummi.

Dieses Spiel gefällt Kindern in der Regel sehr gut, weil sie hierbei die Möglichkeit haben, einmal all ihrem Ärger Luft zu verschaffen. Denn wo haben sie im Schulalltag oder zu Hause schon die Gelegenheit, ihre Kräfte bewusst zu messen und alles aus sich herauszulassen, was sich im Laufe des Vormittags angestaut hat? Dem Ballon tun die Schläge, Fäuste und Boxkniffe nicht weh.

Recken und Strecken

Immer dann, wenn die Konzentration und Aufmerksamkeit beim Lernen oder bei den Hausaufgaben nachlässt, sollte Ihr Kind die Möglichkeit erhalten, sich einmal ausgiebigst zu recken und zu strecken. Durch das Dehnen und Rekeln werden die körperlichen Verspannungen gelöst und Ihr Kind hat zudem die Gelegenheit, seinen natürlichen Bewegungsdrang zu befriedigen.

Ein kleiner Tipp

Wenn es Ihrem Kind zu langweilig ist, sich einfach nur zu recken und zu strecken, können Sie es auch bitten, sich einen Moment hinzulegen. Ihr Kind darf nun eine kleine Katze sein, die furchtbar müde ist und schläft. Wenn Sie der Katze sanft über den Kopf streicheln, darf sie sich den Schlaf aus den Augen reiben, sich recken und strecken, herzhaft gähnen und all die Dinge tun, die eine Katze tut, um wieder richtig wach zu werden.

Ich schüttle alle Sorgen ab

Ihr Kind steht ganz aufrecht und stellt sich vor, dass alle Sorgen, Probleme oder Verspannungen, die es im Körper hat, wie reife Früchte sind, die es nun kräftig abschütteln soll. Dazu beugt es den Oberkörper nach vorn und schüttelt ihn kraftvoll aus. Jede noch so kleine Sorgenfrucht muss dabei abfallen. Wenn das Kind alle Sorgenfrüchte von sich geschüttelt hat, darf es sich wieder setzen.

Hinweis

Durch das kräftige Ausschütteln und die Bewegungen werden körperliche Verspannungen gelöst und der natürliche Bewegungsdrang des Kindes befriedigt. Im Anschluss wird Ihr Kind den Kopf wieder frei haben und es wird ihm wesentlich leichter fallen, aufmerksam weiterzuarbeiten.

Denn auch symbolisch betrachtet befreit man Geist und Körper auf diese Art von allen Sorgen, Gedanken und Problemen, die einen so beschäftigen, dass man nicht konzentriert einer bestimmten Sache nachgehen kann. Man fühlt sich tatsächlich wieder frisch und bekommt einen klaren Kopf. Sie können diese Übung jederzeit schnell vor den Hausaufgaben oder dem Lernen einsetzen. Und wenn Sie selbst mitmachen, profitieren Sie auch davon!

Wenn ich durch meinen Körper reise

Was Sie dafür brauchen: Eventuell eine Decke und ein Kissen

Für diese weniger bewegungsintensive Übung, bei der das Kind Körperpartien aktiv an- und wieder entspannt, sucht es sich einen Platz im Raum und macht es sich dort ganz gemütlich. Wenn es nichts mehr stört oder ihm unangenehm ist, schließt es die Augen und hört der Übungsanweisung zu, die Sie mit ganz ruhiger Stimme vortragen.

Wichtig hierbei ist, dass Sie wirklich absolute Ruhe im Raum haben und Ihr Kind nicht durch Geschwisterkinder oder andere störende Geräusche abgelenkt werden kann.

Lassen Sie Ihrem Kind ausreichend Zeit, es sich bequem zu machen. Wenn es ihm lieber ist, kann sich das Kind auch auf eine Matte oder das Bett legen. Es soll sich wirklich rundum wohlfühlen, damit es richtig entspannen kann.

Hinweis

Diese Übung ist im weitesten Sinne an die Entspannungsmethode Progressive Muskelrelaxation nach Jacobson angelehnt. Dabei soll Ihr Kind deutlich spüren, was mit Entspannung überhaupt gemeint ist. Durch den ständigen
Wechsel zwischen Anspannung und Entspannung bekommt
es einen anschaulichen Eindruck, den es am eigenen Leibe
spürt. Es wird sofort erkennen, wie wichtig und vor allem
wohltuend Entspannung für den Körper ist.

Du wirst dich nun auf eine tolle Reise durch deinen Körper begeben.
Dabei wirst du deutlich spüren, was es bedeutet, wirklich entspannt zu
sein. Als Erstes möchte ich, dass du dein Gesicht spürst. Versuche einfach dein Gesicht einen Moment lang wahrzunehmen … Dann darfst
du jetzt eine freche Grimasse schneiden und dadurch dein Gesicht richtig fest anspannen … Wenn du dir nicht vorstellen kannst, wie das
funktionieren soll, ziehe einfach deine Stirn in Falten, deine Nase kraus
und versuch richtig frech zu grinsen … Dann halte diese Spannung im
Gesicht einen Moment … Noch ein bisschen … Und nun lass deinem
Gesicht wieder Zeit, sich zu entspannen … Spürst du einen Unterschied
zwischen der Zeit, als du dein Gesicht verzogen hast, und jetzt?

Als Nächstes sollst du mit deiner Aufmerksamkeit deinen Kopf hinab,
den Hals hinunter bis zu deinen Schultern wandern. Spüre deine Schultern … Die rechte und die linke … Durch das viele Sitzen in der
Schule oder am Schreibtisch verspannen sich besonders oft die Schultern … Und um diese zu lockern und alle Last von ihnen zu nehmen,
bitte ich dich, die Schultern erst einmal beide ganz hoch in Richtung

Kopf zu ziehen ... Halte die Schultern feste oben ... Noch ein bisschen ... Und jetzt lass wieder locker und spüre die Entspannung, die sich in deinen Schultern breitmacht ...

Nun spüre deine Arme hinunter bis zu deinen beiden Händen ... Auch die Hände kann man toll anspannen und wieder locker lassen. Balle deine Hände zu ganz festen Fäusten und halte die Spannung ... Immer noch halten ... Noch einen Moment lang ... Und nun öffne die Hände wieder ... Spüre die Hände, wie sie offen und entspannt auf dem Boden liegen ... Spüre auch deine Finger ...

So, jetzt wandere gedanklich durch deinen Oberkörper, hinunter bis zum Bauch, und spüre jetzt deinen Po. Den Po kann man toll zusammenkneifen. Sicherlich hast du das schon mehrmals getan und weißt, wie man das macht. Kneif also jetzt deine beiden Pobacken so feste aneinander, wie du nur kannst ... Noch ein bisschen fester ... Und fester ... Toll, und jetzt lass deinen Muskeln im Po wieder Zeit, sich zu erholen und zu entspannen ... Versuch deutlich zu spüren, wie sich dein Po nun anfühlt ...

Zum Schluss deiner Reise durch den Körper wanderst du natürlich noch durch deine Beine ... Das linke Bein und dann das rechte Bein, bis du schließlich deine Füße spürst ... Und an den Füßen spürst du deine Zehen ... Wackle mit deinen Zehen vorsichtig hin und her, dann kannst du sie besser spüren ... Und nun ziehe deine Zehen ganz feste an deine Fußsohlen ... Halte die Spannung ... Ziehe die Zehen noch ein bisschen fester an ... Und nun gönne deinen Zehen eine Pause und versuch währenddessen deutlich deinen Fuß zu spüren ... Was ist das jetzt für ein Gefühl? ... Was war angenehmer? ...

Deine Reise durch den Körper ist nun zu Ende ... Atme nun ein paar Mal ganz tief ein und aus ... Dann sammle all deine Kraft und Energie, balle deine Hände zu festen Fäusten und kehre mit deiner ganzen Aufmerksamkeit zurück in diesen Raum.

Ein kleiner Tipp

Um den Entspannungseffekt zu intensivieren, kann man die jeweiligen Körperteile auch mehrmals hintereinander anspannen und wieder locker lassen. Doch wenn Ihr Kind diese Reise durch den Körper das allererste Mal erlebt, dauert dies zu lange. Ist Ihr Kind dagegen vertraut mit solchen Übungen, spricht nichts dagegen, wenn Sie die einzelnen Phasen wiederholen oder noch andere Körperregionen finden, die man gut anspannen und anschließend entspannen kann! Je mehr und je länger Ihr Kind anspannt und wieder locker lässt, desto entspannter wird es im Anschluss sein.

Übers Gras und durch das Laub

Während dieser Übung geben Sie folgende Übungsanleitung an Ihr Kind, das sich nach den gesprochenen Anweisungen im Raum bewegt:

Geh einfach durch den Raum und achte dabei darauf, dass du nichts berührst … Geh den Weg, der dir lieb ist … Vielleicht gehst du einen großen Kreis … Von einer Ecke in die andere … Oder in Zickzacklinien …

Stell dir nun vor, du gehst mit strammen Schritten eine Straße entlang … So, als würdest du schnell zur Schule gehen, um nicht zu spät zum Unterricht zu kommen …

Stopp, die Ampel ist rot! Warte, bis sie auf Grün springt …

Nun leuchtet die Ampel grün … Schau dich trotzdem noch um, ob auch wirklich kein Auto kommt … Dann überquere die Fahrbahn und geh weiter sehr zügig in Richtung Schule …

Als Nächstes stell dir einen schönen, ganz warmen Sonnentag vor … Du bist auf einer grünen Wiese, auf der viele bunte Blumen wachsen … Mit nackten Füßen läufst du über die Wiese … Spüre dabei das weiche, von der Sonne gewärmte Gras unter den Füßen … Manchmal kitzeln die Grashalme unter den Füßen … Du fühlst dich rundherum wohl und geborgen … Munter springst und hüpfst du auf der Wiese herum … Da, sieh mal dort drüben, da fliegt ein bunter Schmetterling! … Ob du ihn fangen kannst? Flitze hinter ihm her! …

Du kommst an einen Kiesweg … Die kleinen Kieselsteine pieksen ganz schön unter den Füßen … Deswegen gehst du langsam und vorsichtig … Das fühlt sich vielleicht lustig an unter den Füßen! …

Oh, wie schön, hier fließt ein kleiner Bach … Krempel deine Hosen hoch und wate durch das angenehm kühle Wasser … Aber achte darauf, dass du nicht ausrutschst und ins Wasser fällst! … An manchen Stellen ist der Boden des Baches ganz schön glitschig …

Nun gehst du gemütlich durch den Wald … Schönes, buntes Laub liegt vor dir auf dem Boden … Lass das bunte Laub mit deinen Füßen in die Luft hinauf wirbeln … Das macht vielleicht Spaß! … Hörst du, wie das Laub dabei raschelt?

Dort drüben liegt ein umgekippter Baumstamm … Balanciere darüber … Ganz schön wackelig hier oben! … Setze langsam Schritt vor Schritt … Wenn du am Ende des Baumstamms angekommen bist, kannst du einfach herunterspringen …

So, und nun komme wieder hier in diesem Raum an … Betrete den Raum und setze dich leise hin.

Ein kleiner Tipp

Die Übungsanleitung auf den beiden vorangegangenen Seiten soll nur eine Möglichkeit von vielen darstellen. Sicherlich können Sie mit Ihrem Kind auch andere Umgebungen und Untergründe erforschen. Am besten funktioniert diese kleine Bewegungsgeschichte, wenn Sie sie frei vortragen und Sie selbst auch alle Bewegungen vor- beziehungsweise aktiv mitmachen. Dann findet sich Ihr Kind noch schneller in die erzählte Geschichte hinein. Außerdem macht es zusammen einfach mehr Spaß!

Diese Bewegungsgeschichte und andere dieser Art helfen den Kindern, ihren natürlichen Bewegungsdrang zu befriedigen. Im Gegensatz zu freien Aktionen oder einem Spiel zum Toben werden die Kinder hierbei auf sanfte Art und Weise gelenkt. So wird es kaum passieren, dass das Ganze ausartet und Ihr Kind nicht mehr zu bremsen ist. Bei unkontrollierten, wilden Tobespielen dagegen kann dies häufig passieren.

Riesengroß und klitzeklein

Ihr Kind stellt sich in den Raum und folgt der von Ihnen gesprochenen Übungsanweisung:

Schließe einen Moment die Augen und stell dir vor, du würdest wachsen … Immer größer und größer, bis du riesengroß bist … Vielleicht so groß wie ein richtiger Riese … Wenn du die richtige Größe erreicht hast, öffne langsam die Augen … Beginne nun, dich wie ein richtiger

Riese im Raum zu bewegen … Mit riesigen Schritten … Pass auf, dass du nirgendwo anstößt! … Mit behäbigen Riesenschritten wanderst du durch den Raum … Mal hierhin, mal dorthin, wo du als Riese halt gerne hinwandern und die Gegend erkunden möchtest …

Nun such dir einen Platz im Raum, an dem du dich hinstellst und hoch aufrichtest, du riesengroßer Riese … Schließe nun die Riesenaugen und spüre deinen Körper … Langsam und vorsichtig schrumpft dein Körper wieder … Immer weiter und weiter … Bis du schließlich wieder die richtige Größe erreicht hast … Doch du schrumpfst mehr und mehr, bis du so klitzeklein bist wie ein Zwerg …

Öffne die Augen und sieh dich im Raum um … Wie wirkt er, wenn man so klitzeklein wie ein Zwerg ist? … Geh nun mit leisen, ganz ruhigen Zwergenschritten durch den Raum … Guck dich neugierig um und betrachte alles … Mit kleinen Zwergenschritten gehst du im Raum umher … Mal hierhin und mal dorthin … Du wirst furchtbar müde, weil einen Zwerg so eine lange Wanderung ziemlich anstrengt … Schließlich hast du nur ganz kurze, kleine Beine und kommst nicht so schnell voran … Du suchst dir im Raum einen gemütlichen Ort, an dem du genug Platz hast, um dich hinzulegen … Ganz klitzeklein kuschelst du dich ein und schließt die Augen … Du bist nun ganz ruhig und vollkommen entspannt … Richtig schwer fühlen sich deine Zwergenbeinchen vom vielen Umherwandern an … Ganz, ganz schwer sind die Beine … Du träumst nun einen wundervollen Zwergentraum und sammelst dabei neue Kraft und Energie … Wenn ich dir gleich sanft über den Zwergenkopf streichle, beginnst du langsam wieder zu wachsen, bis du deine richtige Größe hast … Dann darfst du ganz leise und ruhig an deinen Platz zurückgehen und dich wieder hinsetzen …

Hinweis

Diese Übung eignet sich immer dann, wenn Ihr Kind sehr laut und aufgekratzt ist. Denn als Riese hat das Kind die Möglichkeit, wirklich einmal richtig laut zu sein, mit polternden, geräuschvollen Schritten umherzustapfen und seinen Bewegungsdrang auszuleben. Die Rolle des Zwergs, in die Ihr Kind im Anschluss schlüpft, bringt wieder Ruhe und Stille mit sich. Ihr Kind schöpft dabei neue Kraft und kommt in der Schlussphase vollends zur Ruhe.

Möglicherweise haben Sie ja noch Zeit, im Anschluss gemeinsam eine Fantasiereise zu genießen, falls Ihr Kind noch weiter und intensiver entspannen möchte.

Auf meiner Wolke

Was Sie dafür brauchen: Bettlaken oder mehrere Kopfkissenbezüge, viele Luftballons

Vorbereitung: Blasen Sie die Luftballons auf und knoten sie gut zu, da sonst die Luft zu schnell entweicht, und füllen Sie sie in das Bettlaken.

Legen Sie die mit Luftballons gefüllten Kissenbezüge oder das gefüllte Bettlaken auf den Boden. Ihr Kind darf nun auf diese „Wolke" klettern, es sich dort gemütlich machen und sanft hin- und herschaukeln, um eine Weile zu verschnaufen und neue Kraft zu schöpfen.

Diese Ballonwolke ist wirklich eine tolle Möglichkeit, um sich zu entspannen und auszuruhen. Man kann auf ihr herrlich schaukeln, sich einkuscheln und wird von den Luftballons getragen, was Sicherheit und Geborgenheit vermittelt.

> **Ein kleiner Tipp**
> Um die Ruhephase zu unterstreichen und die Entspannung zu intensivieren, können Sie im Hintergrund ganz leise meditative Musik einspielen. Oder Sie können Ihrem Kind, wenn es sich in seine Wolke gekuschelt hat, eine entspannende Fantasiereise vortragen.

Übrigens halten die mit Luftballons gefüllten Bettlaken oder Kopfkissenbezüge enorm viel aus. Selbst als Erwachsener kann man sich problemlos auf eine solche Wolke kuscheln, ohne dass die Ballons zerplatzen.

Achten Sie beim Aufpumpen oder Aufblasen der Luftballons nur darauf, dass diese nicht zu prall mit Luft gefüllt sind. Denn durch den Druck von außen muss die Luft noch die Möglichkeit haben, sich im Luftballon zu verteilen. Sonst zerplatzen die Luftballons zum Schluss wirklich.

Tanz mit Rhythmiktüchern

Für ein oder mehr Kinder

Was Sie dafür brauchen: Ein buntes Rhythmiktuch oder Seidentuch für jedes Kind, meditative Musik

Jedes Kind bekommt ein buntes Rhythmiktuch. Sobald die meditative Musik in angemessener Lautstärke eingespielt wird, bewegen sich die Kinder mit ihrem Tuch zu der Musik. Sie dürfen mit dem Tuch laufen, es hochwerfen und wieder auffangen, es in der Luft wirbeln und drehen und vieles mehr.

Hinweis

Lassen Sie Ihr Kind beim ersten Mal, während die Musik läuft, alles ausprobieren, was man mit dem Tuch machen kann. So bewegt es sich nach seinen individuellen Wünschen und kann seiner Fantasie absolut freien Lauf lassen. Bestimmt hat Ihr Kind genug Ideen, wie man sich mit Tuch zur Musik bewegen kann.

Führen Sie diesen Tüchertanz mehrmals durch, können Sie mit Ihrem Kind sicher auch Ideen für einen gemeinsamen Tanz mit mehreren Tänzern entwickeln. Beispielsweise können alle mit den Tüchern in die Mitte laufen und sich dort treffen, damit Kreise in die Luft malen, die Tücher im Kreis herumwandern lassen, gleichzeitig hochwerfen usw.

Dadurch, dass die Rhythmiktücher selbst bei schnell ausgeführten Handbewegungen immer noch sehr elegant und ruhig durch die Luft fliegen, bringt dieser Tanz viel Ruhe herein und fördert eine entspannte Atmosphäre. Zudem wird Ihr Kind durch die meditative Musik und durch die Möglichkeit, sich eine Zeit lang ausgiebig zur Musik zu bewegen, ruhiger.

Ich tanz mich frei von allen Sorgen

Was Sie dafür brauchen: Musik, zu der es sich gut tanzen lässt

Sagen Sie Ihrem Kind vor dem Tanz, dass durch die Tanzbewegungen alle Sorgen von ihm abfallen werden. Sobald die Musik beginnt, setzt sich Ihr Kind tanzend in Bewegung. Während die Musik spielt, darf es sich nach Herzenslust von allen Sorgen freitanzen.

Machen Sie einfach mit und tanzen Sie gemeinsam!

Ein kleiner Tipp

Geben Sie Ihrem Kind die Möglichkeit, sich individuell zu bewegen. Ein ganz besonders tolles Gefühl ist es, wenn es um sich herum ganz viel Platz zur Verfügung hat, sodass es sich mit geschlossenen Augen von allen Sorgen freitanzen kann. Diese Variante sollten Sie allerdings nur mit älteren Kindern ab etwa 10 Jahren durchführen und auch nur dann, wenn die Kinder mit Entspannungsübungen vertraut und bereit sind, ihre Augen zu schließen!

Welcher Fuß ist an der Reihe?

Für mindestens 6 Kinder

Was Sie dafür brauche: So viele Stühle wie Mitspieler

Alle Kinder sitzen im Kreis ganz dicht nebeneinander auf ihren Stühlen. Dann stellt jeder seine Füße so hin, dass der rechte Fuß auf der rechten Scite vom linken Fuß des rechten Nachbarn steht und der linke Fuß links neben dem rechten Fuß des linken Nachbarn. Das hört sich kompliziert an, ist es aber nicht! Im Klartext heißt das, jedes Kind hat nun zwischen seinen Füßen jeweils einen Fuß des rechten und des linken Nachbarn stehen.

Nun darf das jüngste Kind beginnen und mit einem seiner Füße feste auf den Boden stampfen. Im Uhrzeigersinn geht es nun reihum: Schön der Reihe nach stampft ein Fuß nach dem anderen auf den Boden (Beispiel: linker Fuß von Kind

A, linker Fuß von Kind B, rechter Fuß von A, linker Fuß von C, rechter Fuß von B usw.). Das geht so lange, bis eines der Kinder zweimal hintereinander mit seinem Fuß auf den Boden stampft. Danach wird zügigst die Richtung gewechselt. Es wird gestampft, bis wieder jemand zweimal aufstampft und es wieder im Uhrzeigersinn reihum geht. Wer vergisst, mit seinem Fuß aufzustampfen, muss den Fuß aus dem Spiel nehmen, indem er diesen nach hinten aus dem Kreis herausstellt oder sich unter den Po klemmt.

Hinweis

Lassen Sie die Kinder einen Probedurchlauf machen, bis alle die Spielregeln beherrschen und wissen, wann sie mit welchem Bein aufstampfen müssen. Das Spiel fördert die Aufmerksamkeit und Reaktionsfähigkeit der Kinder. Denn nur derjenige, der konzentriert beobachtet und blitzschnell reagiert, hat Chancen, bis zuletzt im Spiel zu bleiben!
Übrigens, die Stühle dürfen für dieses Spiel nur so hoch sein, dass die Kinder im Sitzen noch gut mit ihren gesamten Fußsohlen auf den Boden kommen.

Wer fängt den frechen Stock?

Für mindestens 6 Kinder

Was Sie dafür brauchen: Einen mindestens 50 bis 100 Zentimeter langen Stock oder dicken Holzstab

Alle Kinder stellen sich so in einen Kreis, dass sie relativ nah beieinander stehen. Ein Kind stellt sich in die Mitte und hält den Stock so, dass er senkrecht auf dem Boden steht. Irgendwann lässt es den Stock los und ruft einen Namen, beispielsweise: „Max, fang den frechen Stock!" Und schnell muss der gerufene Spieler den frechen Stock auffangen, bevor er auf den Boden fällt. Nun darf Max als Nächstes den Stock halten, bis er einen anderen Spielernamen aufruft und dieser dann den frechen Stock auffangen muss.

Ein kleiner Tipp

Achten Sie darauf, dass der Kreis um das Kind mit dem Stock nicht zu groß ist, sonst wird es für die anderen zu schwer, den frechen Stock rechtzeitig aufzufangen. Sollte die Spielerzahl aber so groß sein, dass nur ein großer Kreis möglich ist, teilen Sie die Gruppe lieber in mehrere kleine Kreise auf. In diesem Fall benötigen Sie für dieses Spiel natürlich auch mehr Stöcke.

Los doch, fang!

Für mindestens 6 Kinder

Was Sie dafür brauchen: Einen aufgeblasenen runden Luftballon

Alle Kinder stellen sich in einem Kreis auf. Eines der Kinder darf sich mit dem aufgeblasenen Ballon in die Kreismitte stellen und damit spielen. Irgendwann wirft es den Ballon hoch in die Luft und ruft: „Lara, los doch, fang!" Das Kind läuft dann an Laras Platz, während Lara versucht, den Luftballon zu fangen, ohne dass dieser vorher den Boden berührt hat. Lara darf als Nächstes einen kurzen Moment mit dem Ballon spielen und dann den nächsten Spieler auffordern, ihn zu fangen, usw.

Hinweis

Demonstrieren Sie den Kindern, dass sie den Luftballon wirklich recht hoch in die Luft werfen, während ein Mitspieler zum Fangen aufgefordert wird. Sonst hat derjenige keine Chance, den Luftballon zu erwischen.

Bei diesem Spiel kann der Kreis ruhig groß sein, denn dadurch, dass der Luftballon ganz leicht und mit Luft gefüllt ist, segelt er nur langsam zum Boden.

Achtung, aufgepasst!

Was Sie dafür brauchen: Einen Stift

Stellen Sie sich Ihrem Kind gegenüber und halten einen Stift in der Hand. Ganz plötzlich lassen Sie ihn los und Ihr Kind muss versuchen, ihn ganz schnell im Fallen zu schnappen, noch bevor er zu Boden fällt!

Hinweis

Reaktion, Aufmerksamkeit und Schnelligkeit werden bei dieser Übung trainiert. Man kann sie überall und jederzeit problemlos anwenden, weil sie vollkommen unkompliziert ist und keinerlei Vorbereitung erfordert. Übrigens kann man sie auch mit einem kleinen Ball, einer Glaskugel, einem Stein oder dergleichen durchführen.

Wohin mit meiner Wut?

Was Sie dafür brauchen: Kissenbezüge in der Größe 80 x 80 Zentimeter, kleine Kissen, viele Luftballons, Bettbezüge
Vorbereitung: Die Luftballons werden aufgeblasen, zugeknotet und in die leeren Kopfkissen- beziehungsweise Bettbezüge gefüllt.

Verteilen Sie alle kleinen Kissen sowie die mit Luftballons gefüllten Kissen- und Bettbezüge auf dem Boden. Ihr Kind darf nun nach Herzenslust seine ganze Wut abreagieren, seiner Kraft freien Lauf lassen und sich austoben, indem es mit den Kissen um sich wirft, in die Bezüge hineinboxt, laut schreit und trampelt.

Hinweis

Für Ihr Kind bietet diese Spielaktion eine wunderbare Möglichkeit, seiner Wut und angestauten Gefühlen Ausdruck zu verleihen und sie ganz gezielt abzubauen. Vielleicht kann man einen der gefüllten Bezüge und Kissen auch in einer freien Raumecke im Kinderzimmer belassen. So hat Ihr Kind jederzeit die Gelegenheit, sich daran auszutoben, wenn es Frust hat oder sich irgendwelcher Ärger angestaut hat. Es kann darauf aber auch herrlich ausruhen und kuscheln, wie bei dem Spiel „Auf meiner Wolke" weiter vorne in diesem Kapitel. Die Luftballons halten sich lange in den Bezügen. Von daher lohnt sich der Aufwand, der mit dem Aufblasen und Füllen der Bezüge verbunden ist!
Auf diese Weise sind die Luftballons stets ordentlich aufbewahrt. Hat Ihr Kind Lust, damit zu spielen, holt es sie heraus und verstaut sie anschließend wieder darin.

Komm, lass dich verwöhnen!

Nach einem stressigen Schultag gibt es für Ihr Kind kaum etwas Entspannenderes und Wohltuenderes als eine liebevolle Berührung, sanftes Streicheln oder eine Massage, die seine Lebensgeister wieder weckt. Und nebenbei bemerkt fördern solche Verwöhnmomente die Eltern-Kind-Beziehung und tun auch Mama oder Papa gut.

Wohltuende Massagen und Berührungen

Schon für ein Baby ist es lebenswichtig, von seinen Eltern berührt, gestreichelt, liebkost und gewiegt zu werden. Denn diese Erfahrungen bestimmen weitgehend, ob das Kind eine positive Einstellung zu sich und seinem Körper entwickelt, sich geborgen und sicher fühlt sowie anderen ein gesundes Vertrauen entgegenbringen wird.

Durch ganz gezielte Berührungen und Massagen fällt es dem Körper leichter, sich zu entspannen, neue Kraft zu tanken sowie Lebensfreude und Energien ins ungehemmte Fließen zu bringen.

Die Übungen in diesem Kapitel sollen Ihrem Kind auf ganz einfühlsame Art und Weise helfen, dem stressigen Alltag und den hohen Anforderungen für eine Weile zu ent-fliehen, sich zu erholen, abzuschalten und zu entspannen. Andererseits wird dadurch die Aufmerksamkeit, Konzentrationsfähigkeit und Aufnahmebereitschaft so gesteigert, dass das Kind anschließend ganz entspannt und mit Freude und Interesse arbeiten und lernen kann.

Nach der Massage ist das Kind entspannt, konzentriert und aufnahmebereit.

Tipps zur richtigen Durchführung

- Wichtig ist, dass Sie sich und Ihrem Kind für die Durchführung solcher Streichelspiele auch wirklich **genug Zeit** lassen und diese Übungen und Massagen nicht mal eben zwischen Tür und Angel einschieben.
- Die ausgewählte Übung sollten Sie vorab **gut vorbereiten**. Damit ist gemeint, dass Sie die jeweilige Übung vorher durchlesen, einmal an sich oder einem Übungspartner ausprobieren (Freundin, Partner oder ersatzweise auch an einer Puppe oder einem Teddy) und sich alle benötigten **Materialien bereitlegen**, sodass während der Übung keine unnötige Unruhe aufkommt.
- Lesen Sie die Übungsanweisung nach Möglichkeit nicht ab, sondern geben Sie sie nach dem Durchlesen während der Übung oder Massage mit eigenen Worten wieder. Auf diese Art haben Sie die Möglichkeit, gleich auf mögliche Reaktionen Ihres Kindes einzugehen.
- Sie sollten auch bedenken, dass es sicherlich Kinder gibt, die solche Art Übungen noch nie kennen- und schät-

zen gelernt haben. Gehen Sie also **behutsam** vor und **zwingen Sie Ihr Kind nicht**, etwas zu tun, was es nicht möchte. Geben Sie ihm die Möglichkeit, erst einmal an sich selber auszuprobieren, wie sich diese Art Berührungen anfühlen, oder lassen Sie es von außen beobachten, was bei der Übung getan wird. Meist bekommt das Kind dann doch schnell Lust, mitzumachen.

- Achten Sie darauf, dass im Raum eine **angenehme Temperatur** herrscht und keiner friert. Auch dann nicht, wenn Sie Ihr Kind mit Kleidung massieren!

- Gemütlicher wird es auch, wenn Ihr Kind eine **Decke und Kissen** zur Verfügung hat, um es sich richtig gemütlich zu machen. Aromaöle und meditative Musik können übrigens die Wirkung solcher Massagen hilfreich unterstützen. Aber denken Sie auch daran, dass auch hier weniger mehr ist. Denn Ihr Kind soll schließlich zur Ruhe kommen und nicht durch zu viele Reize vom eigentlichen Geschehen abgelenkt werden.

- Seien Sie stets achtsam und respektieren Sie die Wünsche, Anregungen und Bedürfnisse Ihres Kindes. Denn bei Massagen gilt die Regel, dass jeder jederzeit Rückmeldung geben oder deutlich „Stopp" sagen kann, wenn ihm etwas nicht gefällt oder eine Berührung unangenehm ist.

- Schließlich ist jeder auch anders. Was mir gefällt, muss mein Gegenüber noch lange nicht mögen. Ein vertrautes, ehrliches und einfühlsames Miteinander ist eine wichtige Voraussetzung für ein gutes Gelingen und entspannende Momente bei diesen Massagen.

> **Bitte beachten!**
> Tragen Sie die Übungsanweisungen in diesem Kapitel mit ganz ruhiger Stimme vor und lassen Sie zwischen den einzelnen Sätzen eine kleine Pause, sodass Ihr Kind das Gesagte noch einmal in aller Ruhe verinnerlichen kann.
> Im Anschluss sollten Sie Ihrem Kind die Möglichkeit zu einem Austausch geben. Es sollte die Gelegenheit haben, über seine Erfahrungen, Gefühle oder Eindrücke zu berichten und zu schildern, was ihm gut gefallen hat, aber auch, was ihm eventuell unangenehm war. Wenn Sie merken, dass es Probleme hat, darüber zu sprechen, zwingen Sie es nicht. Vielleicht geben Sie ihm eine andere Möglichkeit, seine Erfahrungen zu verarbeiten, indem es ein Bild zur Übung malt oder einfach etwas dazu aufschreibt. Wichtig ist nur, dass Ihr Kind mit den erlebten Gefühlen nicht alleine gelassen wird!

Wenn meine Augen brennen

Was Sie dafür brauchen: Eventuell eine Decke und ein Kissen

Such dir bitte einen Platz hier im Raum, an dem du dich der Länge nach auf den Rücken legst und es dir so ganz gemütlich machst …
Wenn dich nun nichts mehr stört oder ablenkt, schließe die Augen und spüre einen Moment lang, wie dein Körper auf dem Boden liegt und diesen berührt …

Du bist nun ganz ruhig und vollkommen entspannt … Nun lege bitte deine Hände auf die Augen, sodass sie wie kleine Schalen die Augen und Augenhöhlen bedecken … Die Augen sind ganz müde, weil sie den lieben langen Tag ganz viel sehen und beobachten müssen … Spüre nun einfach die warmen Hände, wie sie schützend auf den Augen liegen … Nimm die Wärme der Hände in dir auf und versuche zu spüren, wie die Hände den Augen neue Kraft und Energie geben … Ganz viel Energie strömt zurück in die Augen … Tanke so viel von der Energie, wie deine Augen brauchen können, lass dir so viel Zeit, wie du dazu brauchst …

Jetzt nimm die Hände wieder von den Augen und lege sie neben dem Körper auf den Boden … Atme einige Male ganz tief ein und aus … Balle deine Hände zu festen Fäusten, recke und strecke dich, öffne nach deinem eigenen Tempo die Augen und kehre mit deiner Aufmerksamkeit zurück in diesen Raum.

Achten Sie bitte beim Beenden der Übung darauf, dass jeder sein ganz persönliches Tempo hat. Manche Kinder sind sofort wieder voll da, andere genießen die Ruhe und Entspannung, die sich im Körper breitgemacht hat, und brauchen wesentlich länger, um wieder ins Hier und Jetzt zurückzukehren.

Diese Übung ist eine wahre Wohltat für die Augen. Denn unsere Augen werden den ganzen Tag über sehr beansprucht, gerade auch während der Hausaufgaben, beim Lesen, Schreiben oder Lernen. Wenn dabei dann die Aufmerksamkeit und Konzentration nachlässt, verschwimmt einem häufig alles vor den Augen oder sie fangen vor lauter Anstrengung an zu brennen. Dann ist der richtige Zeitpunkt für diese Übung. Im Anschluss hat man nämlich das Gefühl, alles ganz deutlich und extrem scharf zu sehen, als hätte man sich eine Brille aufgesetzt!

Meine Ohren hören alles

Was Sie dafür brauchen: Ein Glöckchen, eine Triangel, Klangschale oder einen beliebigen anderen Gegenstand, der einen schönen Klang erzeugen kann

Ihr Kind setzt sich auf den Boden und schließt seine Augen. Dann lassen Sie mit dem Glöckchen oder anderem Gegenstand einen Ton erklingen. Ihr Kind soll dabei einfach versuchen, den Klang intensiv wahrzunehmen. Dann öffnet es seine Augen wieder und beginnt eines seiner beiden Ohren richtig gut zu massieren, indem es das Ohr knetet, reibt und daran zupft. Keine Stelle am Ohr darf dabei ausgelassen werden. Ohrläppchen, Ohrmuschel, der Rand des Ohrs und auch der Bereich hinter dem Ohr können tüchtig massiert, leicht geklopft und geknetet werden.

Ist das Ohr nun richtig warm und gut durchmassiert, schließt Ihr Kinder erneut seine Augen und lauscht ein weiteres Mal dem Ton des Glöckchens. Im Anschluss daran darf es erzählen, was nun beim Zuhören passiert ist und was sich beim Hören des Klangs verändert hat. Danach soll natürlich das andere Ohr auch noch ausgiebig massiert werden. Das Ohr sollte schon mit etwas Druck massiert werden, damit eine Wirkung zu spüren ist.

Dadurch, dass das Kind sich selbst massiert, spürt es am besten, wie intensiv und kräftig die Berührungen ausgeführt werden müssen.

Aber natürlich darf man niemals so stark massieren, dass es wehtut oder gar schmerzt!

Hinweis

Ihr Kind wird sicher berichten, dass es nun Geräusche um sich herum viel klarer, deutlicher und intensiver hört und wahrnimmt. Deshalb ist dies eine tolle Übung, wenn Ihr Kind sehr laut und unruhig ist. Sie ist auch für größere Gruppen prima geeignet. Man hat nach einer solchen Ohrmassage nicht nur ganz warme, gut durchblutete Ohren, sondern wirklich das Gefühl, so gute Ohren wie ein Luchs zu haben, denen nichts entgeht!

Meine Ohren suchen die Stille

Was Sie dafür brauchen: Eventuell eine Decke

Such dir bitte einen Platz hier im Raum, an dem du dich auf den Rücken legst … Mach es dir an dieser Stelle ganz gemütlich und schließe deine Augen … Höre einen Moment in dich hinein, ob dich auch nichts mehr stört oder dir unangenehm ist … Dann lege die Hände rechts und links über deine Ohren, als wenn du sie schützen wolltest, und lausche dabei der Stille, die sich in dir ausbreitet … (Machen Sie eine Pause von circa 60 bis 90 Sekunden Länge.)

Nun lege die Hände wieder neben dich auf den Boden … Stell dich langsam darauf ein, dass wir die Übung gleich beenden werden … (Machen Sie eine Pause von circa 30 bis 60 Sekunden Länge.)

Jetzt atme einige Male ganz tief ein und aus … Balle deine Hände zu festen Fäusten, reck und streck dich, bis du dich voller Kraft und Energie fühlst … Öffne die Augen und komm zurück in diesen Raum.

Zwei kleine Tipps

Diese Übung kann Ihr Kind auch gut im Sitzen am Schreibtisch durchführen, während es sich bequem anlehnt oder aber seinen Kopf in die Hände stützt. Im Anschluss wird Ihr Kind wieder aufnahmefähig und konzentriert anderen Dingen nachgehen können.

Wenn man etwas mehr Zeit investieren möchte und Geschwisterkinder anwesend sind, die gut miteinander vertraut sind, kann man die Übung auch in Zweiergruppen durchführen.

Ein Kind legt sich dann ausgestreckt auf den Boden und der Spielpartner hockt oder setzt sich dahinter und hält mit seinen Händen dessen Ohren zu. Dies ist für das liegende Kind natürlich wesentlich angenehmer, weil es sich so richtig entspannen kann, ohne seine Hände an die Ohren halten zu müssen.

Im Anschluss an die Übung führt man sie erneut durch, aber nun mit vertauschten Rollen, sodass auch der andere eine wohltuende Pause für seine Ohren bekommt. Natürlich können Sie als Mutter oder Vater auch der Partner Ihres Kindes sein.

Ein kleiner Spatz auf meinem Kopf

Wir beide werden diese lustige Übung nun gemeinsam durchführen …
Wenn du bereit bist, darfst du dir nun einen Platz hier im Raum aussuchen, an dem wir es uns ganz gemütlich machen … Du hast Glück und wirst als Erstes massiert. Dazu setzt du dich am besten auf den Boden … Ich hocke mich dahinter und spiele einen frechen kleinen Spatz, der munter auf deinem Kopf herumhüpft …

Dabei zupft der kleine Spatz ab und zu mit seinem Schnabel ganz leicht und sanft an deinen Haaren und massiert auf diese Weise deine Kopfhaut … Hierhin und dorthin hüpft der kleine Spatz … Er ist ganz neugierig und zupft dich mit seinem Schnabel überall … (Zupfen Sie Ihr Kind ein bis zwei Minuten leicht an den Haaren.)
Nun ist der freche kleine Spatz ganz furchtbar müde vom vielen Herumhüpfen auf deinem Kopf. Er verabschiedet sich freundlich von dir und legt sich hin, um sich auszuruhen.

Hinweis
Im Anschluss an diese Übung können Sie mit Ihrem Kind die Rollen tauschen, damit auch Sie in den Genuss einer kleinen Kopfmassage kommen. Den meisten Kindern macht es großen Spaß, selbst ans Werk zu gehen und zu massieren. Es ist darüber hinaus ganz spannend zu sehen, wie kreativ Kinder mit solchen Streichelspielen umgehen und wie viele eigene Ideen sie einbringen!

Die Kraft in meinen Händen
Was Sie dafür brauchen: Eventuell eine Decke
Bitte such dir einen Platz hier im Raum, an dem du es dir ganz gemütlich machst … Dort setzt du dich erst einmal hin und wartest einen Moment, bis du zur Ruhe kommst …
Beginne nun damit, deine Hände ganz gut durchzukneten und zu walken … Du kannst dabei die Handinnenflächen aneinanderreiben und rubbeln, bis sie ganz warm sind … Stell dir vor, deine Hände wären ein Brotteig, den du ganz gut bearbeiten und durchkneten musst, damit

keine Luftblasen mehr in ihm sind und das Brot beim Backen nicht rissig wird ... Knete die Finger einzeln durch ... Einen nach dem anderen ... Bis auch die Finger schließlich ganz warm sind ... Dann massiere deine Nägel nacheinander ... Reibe am Nagelbett tüchtig hin und her ... Mach dies auch bei allen anderen Fingern ... Bis du alle massiert hast ... Und zum Schluss knete beide Hände noch einmal ganz intensiv und ordentlich durch ... (Machen Sie eine Pause von 30 bis 60 Sekunden Länge.)

Vielleicht spürst du schon, dass in deinen Händen ganz viel Energie und Kraft fließt ... Leg dich nun am besten auf den Rücken und such dir eine Stelle am Körper aus, an der du ganz viel neue Kraft gebrauchen kannst ... Vielleicht die Schultern, den Bauch oder eines deiner Handgelenke, das vom vielen Schreiben wehtut ... Wenn du eine Stelle gefunden hast, leg eine Hand auf diese Körperstelle und schließe deine Augen ...

Spüre nun einfach die massierte Hand, wie sie auf deinem Körper liegt ... *Was passiert zwischen der Hand und der Körperstelle? ... Was kannst du spüren? ... Versuche die Kraft und Energie aus der Hand ganz in dir aufzunehmen, denn du kannst sie gut gebrauchen ...* Nimm so viel Kraft aus der massierten Hand in dir auf, wie du benötigst ... (Machen Sie eine Pause von 30 bis 60 Sekunden Länge.)

Nun stell dich darauf ein, dass wir die Übung beenden ... Sammle alle Kraft und Energie, die du getankt hast ... Atme tief ein und aus ... Dann balle deine Hände zu festen Fäusten ... *Wenn du magst, darfst du dich ausgiebig recken, strecken und herzhaft gähnen ...* Komm dann mit deiner ganzen Aufmerksamkeit zurück in diesen Raum und öffne nach deinem eigenen Tempo die Augen.

Hinweis

Während dieser Handmassage wird ganz viel Kraft und Energie freigesetzt, vorausgesetzt, man massiert die Hände wirklich gründlich. Im Anschluss hat man ein herrlich belebendes Gefühl im ganzen Körper.

Gerade unsere Hände werden den ganzen Tag so beansprucht, dass sie sich eine Aufmerksamkeit in Form dieser Massage wirklich verdient haben. Und da man bei dieser Übung nichts verkehrt machen kann, eignet sie sich auch schon für jüngere Kinder!

Ein kleiner Igel geht spazieren

Was Sie dafür brauchen: Einen Noppenball und eventuell eine Decke

Wir werden jetzt eine Übung machen, bei der du Besuch von einem kleinen Igel bekommst … Du darfst dir eine Decke nehmen und dir einen Platz im Raum suchen, an dem es dir besonders gut gefällt. Dort kannst du dann die Decke ausbreiten und es dir darauf ganz bequem machen …

Wenn du bequem liegst und dich rundherum wohlfühlst, kommt der kleine Igel, um dich erst einmal zu begrüßen und sich dir vorzustellen … Dann beginnt der kleine Igel ganz langsam und gemütlich auf deinem Körper umherzuwandern … Der kleine Igel spaziert mal hier und dann mal dort auf deinem Körper herum … Vielleicht hat der kleine Igel Lust, zuerst einmal den Rücken zu erkunden … Dabei lässt der kleine Igel keine einzige Stelle auf deinem Rücken aus … Mit seinen kleinen Stacheln kugelt und rollt er ganz sanft hin und her …

Rauf und runter … Der Igel ist ein ganz gemütliches Tier und macht alles mit ganz viel Ruhe …

Und wenn der kleine Igel den Rücken ganz erkundet hat und dein Rücken so richtig gut durchmassiert worden ist, sucht der kleine Igel sich ein anderes Körperteil aus, auf dem er herumgehen und herumkugeln kann … Vielleicht den rechten oder linken Arm … Oder lieber das rechte oder linke Bein … Vielleicht magst du dem Igel auch verraten, wo er dich am liebsten massieren soll und an welcher Stelle du es im Moment gut gebrauchen kannst …

(An dieser Stelle können Sie Ihrem Kind je nach seinen Bedürfnissen circa ein bis zwei Minuten Freiraum lassen! So können Sie selbst ausprobieren, wo man mit dem Noppenball überall umherrollen kann.)

Ein kleiner Tipp

Hat Ihr Kind mit Übungen wie dieser bereits viel Erfahrung gemacht, können Sie im Hintergrund während dieser Pause ganz leise meditative Musik einspielen, etwa „Meditation für Kinder" von Christine Sautter oder „The Land of Enchantment" von Deuter (siehe Anhang). Vielleicht haben Sie aber auch eine andere entspannende CD.

Nun wird es langsam Zeit für den kleinen Igel, sich auf den Heimweg zu machen und sich für heute von dir zu verabschieden … Sag ihm Auf Wiedersehen und danke ihm für die sanfte Massage … Dann recke und strecke dich ausgiebig, bis du dich wieder voller Kraft und Energie fühlst.

Hinweis

Lassen Sie Ihr Kind anschließend von seinen Empfindungen und Erfahrungen berichten (siehe „Bitte beachten!" im Abschnitt „Tipps zur richtigen Durchführung" weiter vorne in diesem Kapitel).

Wenn Sie diese Massage als Partnerübung mit zwei Kindern durchführen, sollten Sie darauf achten, dass die Rollen im Anschluss getauscht werden, damit jedes Kind mal an die Reihe kommt. Denn massiert werden macht zwar Spaß, aber es gehört auch dazu, selbst einmal den anderen zu massieren. Das schult auch das Körperbewusstsein und lehrt die Kinder, Grenzen und Gefühle anderer zu akzeptieren. Denn was mir selbst gefällt, muss einem anderen noch lange nicht angenehm sein!

Die Kinder können bei dieser Massage selbstverständlich angezogen bleiben. Allerdings spüren sie die Noppen des Balles wesentlich besser, wenn sie am Oberkörper nur mit einem T-Shirt bekleidet sind.

Ein Besuch im Zoo

Für mindestens 2 Kinder

Was Sie dafür brauchen: Eventuell für die Hälfte der Kinder eine Decke und ein kleines Kissen

Sucht euch bitte jeder einen Spielpartner aus, mit dem ihr diese Übung gemeinsam durchführen möchtet … Zusammen dürft ihr euch dann eine Decke (und ein Kissen) nehmen … Guckt euch im Raum um, an welcher Stelle es euch am allerbesten gefällt und ihr euch wohlfühlt … Dann macht es euch dort mit Decke (und Kissen) ganz bequem …

Der Jüngere von euch beiden macht heute einen Besuch im Zoo und legt sich dazu am besten auf den Bauch … Wer das nicht möchte, kann sich auch gemütlich hinsetzen, sodass das andere Kind gut an den Rücken kommt … Das ältere Kind spielt jetzt nacheinander verschiedene Tiere, indem es die jeweiligen Bewegungen mit den Händen auf dem Rücken seines Partners macht …

Als Erstes besucht ein Elefant den Rücken des kleinen Zoobesuchers … Dazu machen die älteren Kinder mit ihren Händen lockere Fäuste und spazieren auf dem Rücken ihres Partners munter umher …

(Dabei können die Kinder leise den unten stehenden Spruch aufsagen, während sie die Bewegungen ausführen. Der Text kann aber ebenso gut von der Spielleitung gesprochen werden.)

Ein netter grauer Elefant

kommt schnell von weither angerannt.

Er wandert mit großem Entzücken

hier und dort auf deinem Rücken.

Die Beine stampfen im leichten Trab

da mal rauf und dort mal ab.

Dann verabschiedet sich der nette graue Elefant und ihr kommt an einem großen gläsernen Käfig vorbei, in dem eine liebe Schlange liegt … Auch die Schlange ladet ihr nun ein, auf eurem Rücken umherzuwandern … Ganz vorsichtig kriecht die lange Schlange den Rücken hinauf, die rechte Schulter entlang … Bis sie an der linken Schulter ankommt. Dort kriecht sie ganz langsam und gemütlich den Rücken wieder hinunter … Jetzt darf sich die Schlange einen anderen

Weg überlegen, den sie am liebsten krabbeln möchte ... (Machen Sie eine Pause von 30 bis 60 Sekunden Länge.)

Nun trefft ihr auf Theodor ... Theodor ist ein netter Tausendfüßler, der den lieben langen Tag nichts anderes tut, als mit seinen tausend Beinchen hin- und herzuwandern ... Da hat er sich auch schon auf den *Weg* gemacht und erkundet die Wirbelsäule ... Tapp, tapp, tapp krabbelt der Theodor die Wirbelsäule ganz hoch hinauf ... Dabei sind seine Beine ganz flink und fröhlich ... (Machen Sie eine Pause von 30 bis 60 Sekunden Länge.)

Als Theodor langsam müde wird, bekommt ihr Besuch von einem kleinen Känguru ... Das Känguru heißt Lia und hopst auf dem Rücken mal hierhin und dann mal dorthin ... Lia das kleine Känguru kann kleine Sprünge machen ... Aber wenn Lia so richtig viel Schwung hat, macht sie so große Sprünge wie kaum ein anderes Tier ... Lasst Lia an den Stellen des Rückens hüpfen, an denen euer liegender Partner es gerne hat ... Oben an den Schultern tun Kängurusprünge ganz besonders gut ...

Nun habt ihr einige Tiere des Zoos kennengelernt und eingeladen, auf dem Rücken herumzuspazieren ... Ganz bestimmt fallen euch noch viele andere Tiere ein, die ihr treffen möchtet ... Wie wäre es zum Beispiel mit einem kleinen *Vogel*, der auf dem Rücken nach Körnchen pickt? ... Oder ein Bär, der mit seinen Bärentatzen hier und dort herumwandert ...

Lasst dabei eure Hände zu den Tieren werden, auf die ihr Lust habt ... Probiert einfach aus, welche Tiere besonders leicht nachzumachen sind und vor allen Dingen, welche Tiere die liegenden Kinder gern auf ihrem Rücken haben!

> **Hinweis**
>
> Je nach Ausdauer und Erfahrungen der Kinder kann man beliebig viel Zeit zum freien Experimentieren lassen. Besonders schön kann man diese Übung mit dem Musikstück „Karneval der Tiere" von Camille Saint-Saens verbinden. Denn die einzelnen Lieder sind kurz und stellen die Bewegungen der einzelnen Tiere wirklich schön dar. Zudem wirkt die Musik herrlich entspannend und unterstreicht eine behagliche Atmosphäre!

Zauberkugel

Was Sie dafür brauchen: Für jedes Kind einen Tennisball

> **Hinweis**
>
> Diese Übung wird im Stehen durchgeführt. Sie setzt voraus, dass die Kinder sicher auf einem Bein stehen können. Sollten sich die Kinder dennoch unsicher und wackelig auf ihren Beinen fühlen, geben Sie ihnen die Möglichkeit, sich einfach an einer Wand, dem Tisch oder Ähnlichem festzuhalten, damit sie während der Übung nicht umfallen.

Ich werde dir nun eine Zauberkugel (Tennisball!) geben … Diese Zauberkugel ist etwas ganz Besonderes … Die kann nämlich malen … Lege sie erst einmal vor dich auf den Boden …

Die Zauberkugel, die vor dir auf dem Boden liegt, kann malen … Am liebsten malt sie Füße ganz bunt … Die Füße, besser gesagt die Fußsohlen sehen dann so wunderbar bunt aus, wie du dir kaum vorstellen kannst, wirklich zauberhaft … Doch die Zauberkugel malt nur, wenn du sie mit deinen Füßen gut drückst, rollst und kullerst … Beginne am besten erst einmal mit einem Fuß und stelle diesen auf die Zauberkugel … Nun drück mit dem Fuß richtig auf die Kugel und versuche sie unter dem Fuß richtig feste hin- und herzurollen, ohne dass die Zauberkugel dabei entwischt … Rolle die Kugel mit dem Fuß hin und her, hin und her … Tue einfach so, als wolltest du die Kugel mit dem Fuß durchkneten, massieren oder gar ganz platt treten … Hab keine Angst, die Zauberkugel geht dabei nicht kaputt …

Wenn du nun das Gefühl hast, dass die Zauberkugel dir durch das Hin-und-her-Rollen ausreichend bunte Farbe an die Fußsohlen gezaubert hat, schließe einen Moment die Augen und spüre in deine Füße hinein … Versuche mal zu spüren, ob du einen Unterschied zwischen dem rechten und dem linken Fuß bemerkst …

Öffne nun die Augen wieder.

Nach dieser wohltuenden Fußmassage merken die Kinder gleich, dass der Körper wieder voller Kraft ist und sich lebendig anfühlt. Besonders gut spüren sie die neue Energie in den Füßen und Beinen. Dadurch wird auch die Konzentration und Aufmerksamkeit der Kinder angeregt.

Wenn meine Handgelenke schmerzen

Für mindestens 2 Kinder

Was Sie dafür brauchen: Eventuell pro Zweiergruppe eine Decke

Sucht euch bitte für diese Übung ein anderes Kind, mit dem ihr diese Massage durchführen möchtet … Mit eurem Übungspartner schaut ihr euch erst einmal im Raum um, an welchem Platz ihr es euch ganz gemütlich machen möchtet ... Dort legt sich der Jüngere von euch auf den Rücken und der andere kniet sich in Höhe der Arme neben ihn ...

Dem liegenden Kind schmerzen die Handgelenke vom vielen Schreiben ... Und darum massiert das andere Kind, das daneben sitzt, nun ganz sanft das Handgelenk der einen Hand ... Das liegende Kind darf ruhig leise Anweisungen geben, was seinem Handgelenk gut tut und was nicht, wie feste die Berührungen sein dürfen usw. (Machen Sie eine Pause von 30 bis 90 Sekunden Länge.)

Nun wechselt der Kniende die Seite und massieret auch noch das andere Handgelenk des liegenden Kindes ... So, wie es das liegende Kind gerne mag und als wohltuend empfindet ... (Machen Sie eine Pause von 30 bis 90 Sekunden Länge.)

So, jetzt verabschieden sich die Kinder, die gerade massiert haben, von ihrem liegenden Übungspartner ... Die liegenden Kinder recken und strecken sich, atmen einige Male ganz tief ein und wieder aus ... Bis sie sich völlig fit fühlen ...

Und dann tauscht ihr eure Rollen, sodass nun die Kinder massieren, die bis jetzt am Boden gelegen haben und massiert wurden.

Hinweis

Diese Massage der Handgelenke ist nicht nur wohltuend, sondern fördert das Miteinander und die Einfühlsamkeit und Aufmerksamkeit dem anderen gegenüber. Denn hier kommt es nicht auf eigene Wünsche und Vorstellungen an, sondern darauf, dem anderen etwas Gutes zu tun und sich seinen Bedürfnissen zu öffnen.

Oh, wie gern werd ich massiert ...

Liebt Ihr Kind es, massiert und gestreichelt zu werden? Mag es diese Art Streichelspiele und was die Hände dabei auf dem Rücken erzählen? Dann besorgen Sie sich doch einen Ordner oder kleinen Schnellhefter.

Je öfter Sie die Massagen durchführen, desto mehr Ideen werden Ihnen und Ihrem Kind dabei auch in den Kopf kommen. Schreiben Sie die Ideen auf und entwickeln Sie gemeinsam Ihre ganz persönlichen Lieblingsmassagen. Diese heften Sie allesamt in den Ordner und können so zu jeder Zeit darauf zurückgreifen oder den Ordner mit neuen Ideen, Streichelspielen und Massagegeschichten füllen!

Ich atme ein und aus

Es scheint so selbstverständlich: Wir atmen ein und wir atmen wieder aus. Ohne dass wir es merken. Aber oft atmen wir viel zu hektisch und oberflächlich. Bei diesen einfachen Atemübungen lernt Ihr Kind, bewusst auf seinen Atem zu achten und ganz ruhig und tief zu atmen. Denn eine tiefe Atmung versorgt unser Gehirn mit Sauerstoff, den es zum Denken und Lernen braucht.

Atemübungen, die die Aufmerksamkeit fördern

Etwa eine Handbreit über unserem Bauchnabel sitzt unser größter und bedeutendster Atemmuskel: das Zwerchfell. Jedes Mal, wenn wir einatmen, zieht sich das Zwerchfell zusammen und unsere Lungen füllen sich mit Luft. Man kann diesen Vorgang sehr gut beobachten, wenn man auf dem Rücken liegt und sich der Bauch beim Einatmen leicht hebt. Beim Ausatmen entspannt sich das Zwerchfell wieder und unsere Lungen entleeren sich.

Nun bringt es unser überaus stressiger und meist hektischer Alltag mit sich, dass wir verlernen, richtig zu atmen, wodurch das Blut und damit unser ganzer Körper nicht ausreichend mit frischem Sauerstoff versorgt werden. Denn ein angespannter Körper, der unter Druck steht, atmet nur flach und hektisch ein und aus, sodass oft nur die verbrauchte Luft in den Lungen hin- und hergeschoben wird, ohne dass wirklich frischer Sauerstoff in den Körper gelangt. Unsere Lungen können nämlich nur dann frischen Sauerstoff aufnehmen, wenn sie sich zuvor völlig entleert haben.

Unter Stress wird die Atmung hektisch und flach und unser Blut wird nicht ausreichend mit Sauerstoff versorgt.

Kinder können diesen Vorgang leicht nachvollziehen, wenn man ihn mit einem Glas Wasser beim Malen mit Wasserfarben vergleicht. Nach dem Malen ist das Wasser dreckig und trüb. Wenn man nur ein bisschen verschmutztes Wasser weggießt und nur ein bisschen neues Wasser dazugibt, ist es nicht wirklich frisch. Erst dann, wenn man das dreckige Wasser ganz ausschüttet, kann man das Glas wieder mit frischem Wasser füllen. So ist das auch mit unseren Lungen beim Atmen.

Wenn wir stressbedingt hektisch und flach ein- und ausatmen und unsere Lungen nicht ausreichend mit Sauerstoff versorgt werden, können wir nicht mehr konzentriert und aufmerksam einer Sache folgen. Aus diesem Grunde finden Sie hier Atemübungen, die das Blut und den Körper wieder mit frischem Sauerstoff anreichern und uns und vor allem den Kindern – um die geht es hier ja in erster Linie – helfen, einen klaren Kopf zu bekom-

Zu wenig Sauerstoff macht unkonzentriert und unaufmerksam.

men und wieder aufnahmefähig zu sein. Zudem helfen diese Übungen abzuschalten, den Kopf von störenden Gedanken zu befreien und den Körper gezielt zu entspannen.

Bitte beachten!

Lüften Sie bitte vor allen Atemübungen den Raum, in dem sie gemacht werden, gut durch. Ansonsten wird die Luft im Raum zu schnell verbraucht und es kann kein frischer Sauerstoff mehr aufgenommen werden.

Tragen Sie die Übungsanweisungen in diesem Kapitel mit ganz ruhiger Stimme vor und lassen Sie zwischen den einzelnen Sätzen eine kleine Pause, sodass Ihr Kind das Gesagte noch einmal in aller Ruhe verinnerlichen kann.

Ein tiefer Atemzug

Stell dich bitte so hin, dass du genug Platz für diese Übung zur Verfügung hast … Dann schließe einen Moment lang die Augen … Du hast heute schon eine Menge Dinge getan … Sicherlich gab es auch Dinge darunter, die nicht so angenehm oder vielleicht sehr aufregend und anstrengend waren … Deshalb nimm nun einen ganz tiefen Atemzug und stoße anschließend die verbrauchte Luft kräftig nach draußen … Wenn du magst, kannst du ruhig mehrmals nacheinander einen ganz tiefen Atemzug nehmen, bis du das Gefühl hast, dass dein Körper von aller Anspannung und allen Strapazen befreit ist …
(Machen Sie eine Pause von 30 bis 60 Sekunden Länge.)
Wenn du damit fertig bist, komm nach deinem eigenen Tempo wieder zurück in diesen Raum und öffne deine Augen.

Hinweis

Nur allzu häufig halten wir unseren Atem fest, aus Angst oder anderen unguten Gefühlen. Auch durch zu starke Konzentration und Anstrengung können wir für einen kurzen Moment vergessen weiterzuatmen. Um Spannungen abzubauen, sollten Sie diese Übung deshalb immer wieder mal einsetzen.

Man kann diese Übung auch im Sitzen, beispielsweise am Schreibtisch, durchführen. Dabei sollten die Kinder nur darauf achten, dass ihr Bauch nicht durch eine zu enge Hose oder einen Gürtel eingeschnürt wird und sie tief ein- und ausatmen können.

Ich spüre meinen Atem

Stell dich bitte so hin, dass du um dich herum genug Platz hast … Dann achte darauf, dass du einen guten, sicheren Stand hast … Dazu stellst du deine Füße am besten hüftbreit auseinander und lässt die Knie etwas locker … Schließe nun die Augen und geh mit der Aufmerksamkeit zu deiner Nase … Spüre als Erstes die Nasenspitze … Dann fühle deine Nasenlöcher, das rechte und dann das linke … Versuche wahrzunehmen, wie die Luft, die du einatmest, durch die Nasenlöcher in die Nase hineinströmt … Den Nasengang entlang … Bis in deinen Rachen und den Hals hinunter … Bis die Luft schließlich in den Lungen angelangt ist … Genau diesen Weg geht die Luft beim Einatmen … Und wenn die Luft verbraucht ist, fließt sie genau denselben Weg wieder zurück nach draußen … Spüre nun einfach den

Atem, wie er ganz ruhig und regelmäßig in deine Nase einströmt und seinen Weg geht und wie er wieder ausströmt … Vollkommen ruhig und regelmäßig fließt dein Atem … (Machen Sie eine Pause von circa 60 Sekunden Länge.)

Nun komm nach deinem eigenen Tempo zurück in diesen Raum und öffne die Augen, wann du es magst.

Hinweis

Wenn diese Übung im Liegen durchgeführt wird, auf dem Bett oder einer am Boden liegenden Decke, wirkt sie noch besser. Denn die intensive Hinwendung zum eigenen Atem, der vollkommen ruhig und regelmäßig im Körper ein- und ausfließt, hat eine sehr entspannende Wirkung.

Kannst du meinen Atem spüren?

Für mindestens 2 Kinder

Was Sie dafür brauchen: Eventuell eine Decke

Lauft nun im Raum umher … Schneller und noch ein bisschen schneller und jetzt so schnell ihr laufen könnt! …

So, nun findet euch zu zweit zusammen und sucht euch einen Platz im Raum, an dem sich der Kleinere von euch beiden als Erstes hinlegen darf … Der andere setzt sich daneben und legt ganz vorsichtig die Hand auf den Bauch seines liegenden Partners …

Versucht mit der Hand den Atem zu spüren und zu fühlen, wie sich beim Einatmen der Bauch leicht hebt und beim Ausatmen wieder senkt …

Lasst einfach die Hand eine Weile auf dem Bauch ruhen, um den Atem zu spüren … (Machen Sie eine Pause von 60 bis 90 Sekunden Länge.)

Nun tauscht bitte ganz leise die Plätze, sodass sich jetzt das Kind hinlegen darf, das soeben den Atem mit der Hand gespürt hat … Das Kind, das gerade am Boden lag, darf nun vorsichtig seine Hand auf den Bauch des liegenden Kindes legen und seinen Atem erspüren … (Machen Sie eine Pause von 60 bis 90 Sekunden Länge.)

Jetzt steht bitte leise auf … Wir werden uns gleich über diese Übung unterhalten und wer möchte, darf erzählen, was er gespürt hat.

Ein kleiner Tipp

Normalerweise ist beim Rollenwechsel keine Bewegungsphase wie am Anfang vorgesehen. Wenn die Kinder das möchten, können Sie aber gern eine Runde Bewegung einlegen. Denn danach spürt man den Atem wesentlich deutlicher.

Wenn Sie die Übung mit nur einem Kind durchführen, machen Sie einfach mit und erspüren gegenseitig Ihren Atem.

Wattepusten

Für mindestens 2 Kinder

Was Sie dafür brauchen: Watte oder Wattebällchen, eventuell in kleine Stücke zerzupft

Jeder Mitspieler bekommt ein Stück Watte und darf sich an eine Wand im Raum stellen. Nach dem Startzeichen geht es los: Die Watte muss durch kräftiges Pusten auf die gegenüberliegende Raumseite gepustet werden. Wer hat den längsten Atem und hat sein Wattestück als Erstes drüben?

Ein kleiner Tipp

Für ältere Kinder, für die dieses Spiel zu leicht ist, kann man die Übung erschweren, indem man mit Bausteinen, leeren Pappröhren oder Ähnlichem einen kleinen Parcours aufbaut, durch den die Wattebällchen hindurchgeblasen werden müssen. Diese Spielvariante ist allerdings wesentlich zeitaufwendiger.

Wenn Sie die Übung nur mit Ihrem Kind machen, spielen Sie mit, das verhilft auch Ihnen zu neuem Atem!

Mein Ballon ist dick und rund

Was Sie dafür brauchen: Einen großen, runden Luftballon (der lässt sich am einfachsten aufblasen)

Ihr Kind soll seinen Luftballon so schnell wie möglich aufblasen, bis er schön dick und rund ist. Dabei sollte es darauf achten, so selten wie möglich Luft zu holen. Auf diese Weise atmet es wirklich ganz tief und bewusst ein und wieder aus, um den Ballon mit Luft zu füllen.

Ein kleiner Tipp

Probieren Sie vorher selbst einmal aus, ob sich die Luftballons auch wirklich einfach aufpusten lassen. Manche kriegt man dermaßen schwer aufgeblasen, dass die Übung zu schwierig wird. Sie soll ja schließlich auch Spaß machen. Die Spielidee eignet sich auch gut als Wettspiel für einen Kindergeburtstag.

Um den Körper mit noch mehr frischem Sauerstoff zu versorgen, kann Ihr Kind mit dem aufgeblasenen Luftballon noch Atemübungen machen. Es kann ihn beispielsweise in der Luft halten, indem es von unten dagegen pustet, Ihnen den Ballon zupusten usw. Ihrem Kind fallen bestimmt noch andere Pustespiele ein.

Ich habe einen Zauberatem

Was Sie dafür brauchen: Eventuell eine Decke

Such dir bitte einen Platz im Raum, an dem du es dir so richtig gemütlich machst … Wenn du einen Ort gefunden hast, leg dich bitte ausgestreckt auf den Rücken und schließe die Augen … Hör einen Moment in dich hinein, ob dir nichts mehr unangenehm ist … Dann hör mir gut zu:

Achte nun bitte auf deinen Atem und stell dir dabei vor, dass dies ein toller Zauberatem ist … Mit diesem Zauberatem kannst du deinen Körper heilen, ihn von Sorgen und Ängsten befreien, ihm aber auch einfach helfen, zur Ruhe zu kommen und sich zu entspannen … Ganz wie du es gerade möchtest … Schließlich ist es ja ein Zauberatem …

So, dann beginne den Zauberatem als Erstes durch deinen Kopf zu schicken … Lass den Zauberatem dabei durch den ganzen Kopf wandern und alles mit sich fortnehmen, was du dort nicht haben möchtest … Vielleicht einen Gedanken, der dich stört, oder etwas anderes … Wenn der Zauberatem den Kopf vollkommen rein gezaubert hat, spüre, wie der wunderbare Zauberatem durch deinen Hals fließt und dabei alle Last von deinen Schultern nimmt … Ganz schwerelos sind die Schultern nun … Und auch durch die beiden Arme strömt der Zauberatem, bis er in den Händen ankommt ... Alles nimmt der Zauberatem mit sich fort, was du an diesen Stellen nicht haben möchtest ...

Lass den Zauberatem nun durch den Brustkorb fließen ... Dein Herz umhüllen und völlig rein waschen ... Schicke den Atem noch ein Stück weiter in dich hinein ... Bis in den Bauch ... Auch dort zaubert er alles mit sich fort, was dir schwer im Magen liegt ... Lass den Zauberatem so lange an dieser Stelle verweilen, bis alles ganz rein und ohne Sorgen ist ...

Nun lass den Zauberatem noch durch deine beiden Beine wandern ... Bis er in den Füßen und schließlich in den Fußspitzen ankommt ...

Wenn du nun das Gefühl hast, eine Stelle im Körper vergessen zu haben, an der der Atem noch nicht war, dann schicke den Zauberatem einfach an diese Stelle ... Oder wenn du den Atem gerne noch einmal an der einen oder anderen Stelle hättest, schicke ihn einfach dorthin ...

So, nun hat der Zauberatem dich vollkommen rein gewaschen und dir damit ganz viel neue Kraft und Energie geschenkt ... Balle deine Hände zu festen Fäusten ... Atme noch einmal ganz tief ein und aus ... Recke und strecke dich ... Und komme dann nach deinem eigenen Tempo wieder zurück in diesen Raum.

Hinweis

Ihr Kind kann diese Übung genauso gut im Stehen durchführen. Es hat so das Gefühl, dass der Atem noch besser fließen kann. Aber in diesem Fall sollte Ihr Kind schon Erfahrung mit Übungen gemacht haben, bei denen es die Augen im Stehen eine Zeit lang geschlossen hält.

Einatmen – ausatmen

Das Kind sucht sich einen Platz im Zimmer oder stellt sich hinter einen Stuhl, beispielsweise den Schreibtischstuhl. Beim tiefen Einatmen werden die Schultern rechts und links in Richtung Ohren hochgezogen. Beim Ausatmen lässt Ihr Kind die Schultern wieder locker fallen. Dies wird mehrere Male hintereinander wiederholt.

Hinweis

Durch das intensive Ein- und Ausatmen wird nicht nur der Körper mit viel Sauerstoff versorgt, sondern werden zugleich alle Spannungen im Schulter-Nacken-Bereich gelöst. Dieser Bereich ist gerade durch das häufige Stillsitzen während der Hausaufgaben und in der Schule sehr anfällig für Verspannungen. Außerdem ist diese entspannende Übung jederzeit ohne Aufwand durchführbar.

Lass die Angst schrumpfen

Was Sie dafür brauchen: Eventuell eine Decke

Leg dich nun ganz bequem auf den Rücken und schließe deine Augen …
Spüre erst einen Moment lang, wie dein Körper auf dem Boden liegt und den Boden unter dir berührt …

Dann stell dir vor, dass du mit deinem Atem eine ganz bestimmte Angst, die du hast, schrumpfen lassen kannst, bis sie schließlich so klein ist, dass du gar keine Angst mehr vor ihr zu haben brauchst … Geh also eine Weile in dich und überlege, was für eine Angst du hast … Es kann beispielsweise die Angst vor der nächsten Klassenarbeit sein oder die Angst vor der Dunkelheit, wenn du am Abend alleine im Bett liegst … Lass dir beim Überlegen ruhig Zeit … (Machen Sie eine Pause von 60 bis 90 Sekunden Länge.)

Wenn du nun eine Angst gefunden hast, stell dir vor, dass du sie mit deinem Atem schrumpfen und klitzeklein werden lässt … Spüre dazu den Atem und lass ihn ganz tief in den Körper hineinfließen … Je tiefer und ruhiger du den Atem in deinen Körper fließen lässt, desto kleiner wird die Angst … Schau dir die Angst dabei auch an und schau ihr zu, wie sie bei jedem Atemzug kleiner und kleiner wird … Lass die Angst mithilfe deines Atems so lange schrumpfen, bis sie dir keine Angst mehr macht, weil sie nun viel zu klein ist, als dass du dich davor fürchten müsstest …

Schau dir die Angst nun noch einmal ganz deutlich an, klitzeklein und nichtig ist sie geworden … Wenn du die Angst noch kleiner werden lassen willst, atme weiter einige Male ganz tief und ruhig ein …

So, nun weißt du, dass du eine Angst, die du hast, ganz klein werden lassen kannst … Wenn du magst und Lust dazu hast, kannst du gleich erzählen, was du während dieser Übung alles erlebt hast … Doch dazu beende die Übung erst einmal nach deinem eigenen Tempo und kehre zurück in diesen Raum.

Ein kleiner Tipp

Im Anschluss an diese Übung sollten Sie sich unbedingt etwas Zeit nehmen, um mit Ihrem Kind über das Erlebte zu sprechen. Vielleicht mag es über seine Ängste und Sorgen sprechen und Ihnen diese mitteilen … nach dem Motto: Geteiltes Leid ist halbes Leid.

Hinweis

Lassen Sie Ihr Kind danach in jedem Fall über seine Ängste und Gefühle während der Übung erzählen. Es geht übrigens nicht darum, Kindern das Gefühl zu vermitteln, dass Angst etwas ist, das man nicht ernst nehmen oder etwa als nichtig abtun sollte. Im Gegenteil, sie sollen lernen, dass jeder Mensch Ängste hat und lernen kann, mit diesen vernünftig umzugehen. In Form dieser Übung wird die Angst für die Kinder greifbar und lehrt sie, dass Angst nicht gleich ohnmächtig macht und einen überrennt, sondern dass man mit ihr besser fertig wird, wenn man darüber redet.

Tief in mir liegt eine Quelle

Was Sie dafür brauchen: Eventuell eine Decke

Such dir bitte einen schönen Platz hier im Raum, an dem du dich rundherum wohlfühlst und dich hinlegen kannst ... Schließe deine Augen und versuche einen Moment lang deinen Atem zu spüren, wie er vollkommen ruhig und entspannt in dir fließt ... Ganz ruhig und regelmäßig fließt der Atem in dir ein und wieder aus ... Ein und aus ... Nun spüre deine Mitte ... Die ist etwa da, wo sich der Bauch befindet, aber ein Stück dahinter, gut geschützt ... Genau an dieser Stelle hast du eine kleine Quelle ... Es ist eine ganz besondere Quelle mit Wasser, das du sonst nicht bekommen kannst ... Denn das Wasser macht mutig ... Immer dann, wenn dich der Mut verlässt oder du mehr Mut brauchst, kannst du deine Mitte aufsuchen, in der ganz tief und verborgen die Quelle des Mutes liegt ... Nur du allein weißt, wie man zu dieser Quelle kommt, aus der Wasser sprudelt, das mutig macht ...

Da die Quelle nur ganz klein ist, möchte ich dir verraten, wie man sie wachsen lassen kann … Versuch einfach die Luft, die du einatmest, bis tief in den Bauch und in deine Mitte fließen zu lassen, genau an die Stelle, an der die kleine Quelle des Mutes entspringt … Lass deinen Atem tief, ganz tief fließen, bis er an der Quelle ankommt und sie wachsen lassen kann … Lass die Quelle mithilfe deines Atems so lange wachsen, bis du das Gefühl hast, genug Wasser zum Mutigwerden herausschöpfen zu können … Je mehr Atem in die Quelle fließt, desto mehr klares Wasser sprudelt aus ihr heraus … Die kleine Quelle in dir wächst und wächst …

Jetzt ist die Quelle groß genug und du kannst so viel Wasser zum Mutigwerden aus ihr schöpfen, wie du benötigst … Lass dir Zeit dabei und genieß das Wasser, das dich ganz mutig macht …

So, nun wird es für heute Zeit, die Quelle des Mutes in dir zu verlassen … Verabschiede dich von ihr und danke ihr liebevoll und auf deine Weise für das Wasser, das du aus ihr schöpfen durftest … Dann kehre nach deinem eigenen Tempo zurück in diesem Raum und merke dir den Weg, der zu der Quelle führt, damit du sie das nächste Mal, wenn du Mut brauchst, auch wiederfindest … Öffne nun die Augen.

Hinweis

Ihr Kind kann diese Übung auch im Sitzen durchführen, zum Beispiel vor den Hausaufgaben, wenn es an seinem Schreibtisch sitzt. Doch in diesem Fall sollten Sie, wie auch bei allen anderen Atemübungen, darauf achten, dass der Atem wirklich frei fließen kann und der Bauch nicht durch zu eng sitzende Hosen oder dergleichen eingeschnürt wird.

Ich bin ganz ruhig und entspannt

In der Ruhe liegt die Kraft: Nur wenn wir still werden, zur Ruhe kommen und entspannen, können wir neue Kraft und Energie für die Anforderungen des Alltags tanken. Das wird Ihr Kind bei den Meditationen und Stilleübungen in diesem Kapitel am eigenen Leib erfahren und bestimmt von sich aus immer wieder nach solchen Inseln der Stille verlangen.

Stilleübungen und Meditationen

Bestimmt wissen Sie und haben es selbst schon am eigenen Leib erlebt, dass man unter Stress, Anspannung, Belastung und zu hohen Erwartungen von außen nicht aufmerksam, konzentriert oder gar kreativ arbeiten oder einer Sache folgen kann. Wie oft passiert es, dass wir angestrengt über etwas nachdenken, es uns aber partout nicht einfallen will. Tage später oder wenn wir am Abend völlig ruhig und entspannt im Bett liegen, fällt dann der Groschen auf einmal von ganz alleine!

Auch Kinder können Informationen und Lernstoff wesentlich besser aufnehmen und kreativer arbeiten, wenn sie entspannt und ruhig sind. Die folgenden Meditationen,

Wortmeditationen und Stilleübungen sollen den Kindern verschiedene Möglichkeiten aufzeigen, wie sie gezielt zur Ruhe kommen und abschalten und aus der Stille neue Kraft und Energien für den Alltag tanken können. Sie lernen dabei auch, sich ganz nach innen

In der Stille kann Ihr Kind neue Kraft und Energie tanken.

zu wenden und alle Probleme und was sie sonst beschäftigt für eine Weile außen vor zu lassen.

Denn dies ist eine wichtige Vorrausetzung für konzentriertes und aufmerksames Lernen und Arbeiten – und zwar für Kinder ebenso wie für Erwachsene.

Bitte beachten!
Tragen Sie die Anweisungen für die Stilleübungen und Meditationen in diesem Kapitel mit ganz ruhiger Stimme vor und lassen Sie zwischen den einzelnen Sätzen eine kleine Pause, sodass Ihr Kind das Gesagte noch einmal in aller Ruhe verinnerlichen kann.

Ein schöner Morgen

Was Sie dafür brauchen: Meditative Musik, etwa „Frühlingsmorgen" oder „Harmonie Vol. 2" von Arnd Stein

Ihr Kind setzt sich bequem auf einen Stuhl oder legt sich auf den Boden. Sie bitten es, seine Augen zu schließen, und spielen die Musik ein, die Ihr Kind einen wunderschönen Frühlingsmorgen erleben lässt.

Ein kleiner Tipp

„Frühlingsmorgen" von Arnd Stein kommt bei Kindern besonders gut an, weil hier auch Geräusche der Natur wie beispielsweise Vogelgezwitscher zu hören sind. Das ganze Stück ist jedoch fast eine halbe Stunde lang. Für diese Übung reicht sicher der Anfang aus, je nachdem, wie viel Zeit Sie einplanen möchten und wie lange Ihr Kind der Musik folgen kann.

Diese Stilleübung können Sie auch gut unmittelbar vor den Hausaufgaben durchführen, damit Ihr Kind noch einmal ganz gezielt abschalten und neue Kraft sammeln kann.

Körper und Gedanken

Was Sie dafür brauchen: Eine Uhr mit Sekundenzeiger, eventuell eine Decke

Ihr Kind setzt sich bequem hin oder sucht sich einen Platz, an dem es sich ausgestreckt auf den Boden legen kann. Dann sollte es einen Moment überlegen, ob es einen bestimmten Gedanken oder ein Problem gibt, der oder das ihm viel Kopfzerbrechen bereitet.

Während der Übung soll Ihr Kind zwischen diesem störenden Gedanken und dem Körper hin- und herwandern. Dieser Wechsel findet etwa sechs- bis zehnmal statt. Die einzelnen Phasen dauern jeweils 30 Sekunden. Den Wechsel teilen Sie Ihrem Kind mit ganz ruhiger Stimme mit.

Ihr Kind schließt die Augen und geht dann mit seiner ganzen Aufmerksamkeit zu seinem störenden Gedanken und versucht an nichts anderes zu denken.

Nach 30 Sekunden kommt der Wechsel und Ihr Kind spürt einfach seinen Körper, wie er am Boden liegt oder auf dem Stuhl sitzt. Nach 30 Sekunden steht der nächste Wechsel an, Ihr Kind wendet sich wieder seinen Gedanken zu usw.

Hinweis

Ziel dieser Übung ist es, den Kopf ganz klar und frei zu bekommen. Denn danach wird Ihr Kind feststellen, dass der Gedanke oder das Problem völlig verschwunden oder nicht mehr so wichtig ist. Und durch den ständigen Wechsel zwischen Gedanken und Körper lernt es wunderbar, längerfristig seine Gedanken nur auf eine einzige Sache zu fokussieren und sich nicht mehr so schnell durch andere Dinge ablenken zu lassen.

Mein Körper ist schwer wie ein Stein

Leg dich bitte so auf den Boden, dass du genug Platz um dich herum hast … Wenn du bequem liegst, schließe bitte die Augen und spüre einen Moment den Boden unter dir … Du bist jetzt ganz ruhig und entspannt …

Stell dir einmal vor, du bist ein Stein … Ein riesiger, ganz schwerer Stein, der auf dem Boden liegt … Deine Arme sind schwer, ganz schwer … Und natürlich auch deine Beine … Ganz schwer liegt dein Körper nun auf dem Boden, so schwer wie ein Stein … Spüre nun, wie schwer dein Körper ist … Vollkommen schwer ist er … Schau dich noch einen Moment an und betrachte dich … Wie gefällst du dir als riesiger, schwerer Stein? …

Nun verwandle dich wieder zurück und beende die Übung nach deinem eigenen Tempo … Gleich kannst du erzählen, wie du dich als Stein gefühlt hast.

Hinweis

Durch die Vorstellung von Schwere im Körper, insbesondere in Armen und Beinen, entspannen sich alle Muskeln. Dadurch fließt vermehrt Blut, was wiederum als ein wohliges Gefühl von Schwere spürbar wird.

Achten Sie bitte beim Beenden der Übung darauf, dass Ihr Kind sich auch wirklich ausgiebig reckt und streckt, damit alle Körperfunktionen und besonders der Kreislauf wieder aktiviert werden.

Was mich stört und was mich ablenkt

Ihr Kind setzt sich auf einen Stuhl, vielleicht den Schreibtischstuhl, oder legt sich auf den Boden und macht es sich dort ganz gemütlich. Wenn es eine bequeme Haltung gefunden hat, schließt es seine Augen und wendet sich mit seiner ganzen Aufmerksamkeit den Gedanken zu, die ihm gerade durch den Kopf schwirren. Das heißt, Ihr Kind hat nun einige Minuten Zeit, in aller Ruhe zu überlegen, welche Gedanken es im Moment stark beschäftigen und am Arbeiten hindern. Vielleicht sind das Situationen, die es gerade in der Schule erlebt hat, Dinge, die es im Laufe des Tages noch erledigen muss, oder etwas, wofür es gerne mehr Zeit hätte. Nach etwa drei bis fünf Minuten sollte Ihr Kind die Übung nach seinem eigenen Tempo beenden.

Hinweis

Im Laufe eines Tages erlebt Ihr Kind zahlreiche Dinge. Oft sind es besonders die Kleinigkeiten, etwa dass es auf dem Schulweg einen schönen Stein gefunden oder der Tischnachbar ein tolles neues Mäppchen bekommen hat, die es so beschäftigen, dass es sich nicht mehr für neue Dinge öffnen oder einer Sache konzentriert folgen kann. Gerade dann ist diese Übung sinnvoll. Denn durch die intensive Hinwendung rücken die Gedanken, die Ihr Kind ablenken und stören, nach einer Weile in den Hintergrund.

Auch Sie als Erwachsener kennen dieses Problem: Sie liegen am Abend im Bett, können aber partout nicht einschlafen, weil Ihnen zig Sachen und Probleme durch den Kopf schwirren. Erst wenn man sich Zeit genommen hat, diese Dinge noch einmal in aller Ruhe durchzugehen, fühlt man sich vom Kopf her wieder frei und gelöst, sodass man sich entspannen und einschlafen oder am Tage konzentriert weiterarbeiten kann.

Beim Klang der Schale

Was Sie dafür brauchen: Eine Klangschale (notfalls geht auch eine Triangel oder etwas Ähnliches, was einen schönen Klang erzeugen kann)

Ich bitte dich nun, für einen Moment die Augen zu schließen … Spür deinen Körper und horch in dich hinein, was dich gerade beschäftigt oder ablenkt … Versuch nun, dich von diesen Gedanken zu befreien, damit du gleich wieder einen frischen, klaren Kopf hast, um deine Hausaufgaben aufmerksam erledigen zu können … Vielleicht hilft es dir, wenn du störende Gedanken auf kleine weiße Wolken setzt und diese in Richtung Himmel fliegen lässt … Oder du packst deine Gedanken in kleine Päckchen und verschickst sie für eine Weile … (Machen Sie eine Pause von 30 bis 90 Sekunden Länge.) *Nun sammle bitte alle Kraft und Energie … Balle die Hände einige Male zu festen Fäusten und atme ganz tief ein und aus … Wenn du gleich den Klang meiner Schale hörst, darfst du die Augen öffnen und wieder ganz aufmerksam sein … Der Klang der Schale wird dir dabei helfen … Also dann, lausche nun dem wunderschönen Klang der Schale …* (Sie erzeugen einen Klang.)

Hinweis
Oft benötigen Kinder ein Signal, um wieder „ganz da" zu sein. Der Klang einer Klangschale kann dabei wahre Wunder wirken, da dieser als sehr angenehm empfunden wird. Außerdem können sich die Kinder, bevor der Klang erzeugt wird, noch einmal intensiv ihren Gedanken widmen.

Diese Übung kann Ihr Kind auch allein durchführen. Wenn der Kopf mal wieder brummt und die Gedanken kreisen, kann es einen Moment die Augen schließen, in sich gehen und versuchen, die Gedanken auf die Reise zu schicken.

Ich sehe alles rosarot

Was Sie dafür brauchen: Ein rosafarbenes oder rotes Rhythmiktuch (oder ein dünnes Seidentuch oder weichen Tüll)

Du bekommst nun von mir ein Tuch … Such dir damit bitte einen Platz hier im Raum und setze dich hin … (Machen Sie hier eine Pause von 30 bis 60 Sekunden Länge.)

Sicherlich hast du schon mal die Redewendung gehört, dass man einmal alles durch die rosarote Brille betrachten soll … Das bedeutet, man soll alles um einen herum als schön und gut betrachten, ohne irgendetwas daran auszusetzen zu haben … Auch du sollst nun einmal alles rosarot sehen … Halte dir dazu das Tuch vor die Augen oder leg es über deinen Kopf, dann musst du es nicht die ganze Zeit festhalten … Wie wirkt dieser Raum auf dich, wenn er rosarot ist? … Betrachte in aller Ruhe alles um dich herum und stell dir dabei vor, dass alles hier ganz toll und genau so ist, wie du es gerne hättest … Wenn du magst, kannst du dabei auch die Augen schließen …

Nun leg das Tuch zur Seite und betrachte alles, wie es wirklich aussieht … Was hat dir besser gefallen? … Recke und strecke dich erst einmal ausgiebig und anschließend darfst du erzählen, was dir während dieser Übung durch den Kopf gegangen ist.

Eine gute Möglichkeit, diese Übung zu vertiefen und aufzuarbeiten, besteht darin, das Kind im Anschluss malen zu lassen. Halten Sie Stifte, Papier oder auch Klebstoff, Tonkarton und rosa Papier in verschiedenen Ausführungen bereit, also Krepppapier, Seidenpapier, Transparentpapier etc. So kann das Kind die rosarote Sicht in einer kreativen Kollage zum Ausdruck bringen und die Welt noch eine Weile länger durch die rosarote Brille sehen.

Hinweis

Diese Übung soll Ihrem Kind helfen, die Dinge einmal aus einer ganz anderen Sicht zu betrachten. Meist empfindet man dann auch etwas anders und hat bei negativen Empfindungen das Gefühl, dass sie im Grunde doch nicht so negativ sind und man allem und jedem auch etwas Positives abgewinnen kann.

Wortmeditation: MUT

Was Sie dafür brauchen: Eine Decke, Matte oder eine Jacke zum Drauflegen

Bitte such dir einen Platz im Raum, an dem du dich auf den Boden legst und es dir so richtig gemütlich machst … (Machen Sie eine Pause von 60 bis 90 Sekunden Länge.)

Nun schließe bitte die Augen und spüre einen Moment lang erst einmal deinen Körper, wie er auf dem Boden liegt und ihn berührt … Du bist vollkommen ruhig und entspannt … Spüre einen Moment lang deinen Atem, wie er ganz ruhig und regelmäßig in dir fließt … Ganz ruhig und regelmäßig fließt der Atem in dir ein und aus, ein und aus … (Machen Sie eine Pause von 30 Sekunden Länge.)

Ich möchte dir jetzt ein Wort sagen, über das du eine ganze Zeit nachdenken sollst … Denke über all die Dinge nach, die dir dazu durch den Kopf gehen … Lass dir Zeit dabei … Ich werde das Wort einige Male wiederholen …

MUT (30 Sekunden) – MUT (30 Sekunden) – MUT (30 Sekunden) – MUT (30 Sekunden)

So, jetzt wird es Zeit, die Übung zu beenden ... Beende die Übung nach deinem eigenen Tempo ... Atme dazu einige Male ganz tief ein und aus, ein und aus ... Balle deine Hände zu Fäusten und rekele dich ausgiebig ...
Öffne dann die Augen.

Hinweis zu Wortmeditationen

Sprechen Sie das jeweilige Meditationswort bitte mit ganz ruhiger, sanfter Stimme vor und halten Sie die Pausen ein, damit sich Ihr Kind auch seine Gedanken dazu machen kann.

Im Anschluss sollte Ihr Kind in aller Ruhe berichten oder malen dürfen, was ihm alles zu diesem Begriff eingefallen und durch den Kopf gegangen ist.

Ziel einer Wortmeditation ist es, sich einmal ganz intensiv mit dem Sinn dieses Wortes auseinanderzusetzen und über dessen Bedeutung nachzudenken. Durch die vollkommene Stille und Hinwendung zu seiner eigenen Mitte wird Ihr Kind eine Antwort finden, die ihm diesen Begriff in einem völlig neuen Licht erscheinen lässt. Es lernt auf diesem Wege auch, Wertigkeiten anders zu setzen sowie altbewährte Muster einmal neu und kritisch zu überdenken.

Wenn es sich nicht hinlegen kann, kann Ihr Kind diese Wortmeditation selbstverständlich auch im Sitzen durchführen, so nimmt sie darüber hinaus auch etwas weniger Zeit in Anspruch. Allerdings können sich Kinder im Liegen in der Regel wesentlich leichter entspannen, denn der Körper kennt diese Haltung vom Schlafen her, und im Schlaf entspannt er ja auch.

Wortmeditation: KONZENTRATION

Was Sie dafür brauchen: Eventuell eine Decke

Bitte beachten Sie den oben stehenden Hinweis zu Wortmeditationen.

Ich möchte mit dir eine kleine Übung zu einem ganz bestimmten Wort machen … Dieses Wort kennst du sicherlich gut, denn es wird ständig in Zusammenhang mit der Schule, den Hausaufgaben oder dem Lernen gebraucht … Doch dazu machst du es dir erst einmal in aller Ruhe ganz bequem … Dann schließe die Augen und höre mir zu, was ich dir erzähle … (Machen Sie eine Pause von 60 bis 90 Sekunden Länge.)

Als Erstes spüre jetzt einen Moment lang deinen Körper, wie er auf dem Boden liegt … Du bist ganz ruhig, gelöst und vollkommen entspannt … Versuche bitte, deinen Atem eine Zeit lang zu spüren, wie er ganz ruhig und regelmäßig in dir fließt … Ganz ruhig und regelmäßig fließt der Atem in deinem Körper und dann wieder aus … Lass den Atem einfach in dir fließen, ruhig und regelmäßig … (Machen Sie eine Pause von 30 Sekunden Länge.)

Ich möchte dir jetzt das Wort sagen, so wie ich es dir am Anfang dieser Übung erzählt habe … Denke einfach eine ganze Zeit darüber nach … Denke über den Sinn des Wortes und seine Bedeutung nach und über alle anderen Sachen, die dir dazu durch den Kopf gehen …

Du hast genügend Zeit dafür … Ich werde das Wort einige Male wiederholen …

KONZENTRATION (30 Sekunden) – *KONZENTRATION* (30 Sekunden) – *KONZENTRATION* (30 Sekunden) – *KONZENTRATION* (30 Sekunden)

So, jetzt wird es Zeit, die Übung zu beenden … Beende die Übung nach deinem eigenen Tempo … Atme nun einige Male tief ein und aus … Balle deine Hände zu Fäusten und rekele dich ausgiebig … Wenn du magst, darfst du auch herzhaft gähnen … Öffne nun auch die Augen wieder.

Kleine Kerze, leuchte hell
Was Sie dafür brauchen: Eine Kerze und Streichhölzer

Ein kleiner Tipp
Diese Kerzenmeditation lässt sich auch wunderbar mit mehreren Kindern durchführen. Die Kinder setzen sich dann in einem Kreis um die Kerze herum hin.

Setz dich nun bitte vor die Kerze und werde ganz still … Dann betrachte die Kerze … Lass den hellen Schein der Kerze in dir wirken … Wie empfindest du das warme, helle Licht? … Wenn du möchtest, kannst du für einen Augenblick die Augen schließen und dir vorstellen, auch so eine kleine Kerze in dir zu haben … Eine kleine, schöne Kerze mit einem hellen, warmen Schein, wie diese hier … Das Licht der Kerze erhellt deinen Körper und lässt dich manches wesentlich klarer und deutlicher sehen …

Vielleicht magst du dir auch vorstellen, dass dir die Kerze immer dann weiterhelfen kann, wenn du nicht mehr weiterweißt … Der helle Schein der Kerze lässt immer dann, wenn du etwas wissen willst, ein kleines Licht in dir aufgehen, damit du auf das, was du gerade suchst oder wissen willst, eine Antwort findest …

Öffne nun die Augen wieder und betrachte noch einen Moment lang die Kerze ... Nimm den hellen Schein der Kerze und die Wärme, die von ihr ausgeht, tief in dir auf ...

Dann beende die Übung ... Recke und strecke dich dazu, bis du dich wieder voller Kraft und Energie fühlst.

Hinweis

Für Ihr Kind bietet der helle Schein und das warme Licht der Kerze ein schönes, greifbares Symbol, das ihm immer dann weiterhelfen kann, wenn es nicht mehr weiterweiß oder im übertragenen Sinne eine Erleuchtung braucht. Außerdem beruhigt der Schein der Kerze ungemein und unterstreicht eine behagliche, vertraute und ganz entspannte Atmosphäre.

Farbmeditation

Setz dich nun bitte bequem hin und schließe die Augen ... Spüre einen Augenblick deinen Körper und welchen Kontakt er zum Boden oder zum Stuhl hat ... (Machen Sie eine Pause von 30 bis 60 Sekunden Länge.)

Nun stell dir bitte vor deinen Augen einen Regenbogen vor ... Ganz oben leuchtet so herrlich rot wie eine Kirsche der rote Streifen ... Genau darunter leuchtet der Streifen in der Farbe Orange ... Danach folgt ein herrlich gelber Streifen ... Nun ein grüner ... Darunter ein strahlend blauer Streifen ... Und ganz unten bildet ein kräftig leuchtender Streifen in Lila den Abschluss des wunderschönen bunten Regenbogens ...

Schau dir den Regenbogen gut an und stell dir vor, du würdest unter diesem Regenbogen stehen … Das Licht des bunten Regenbogens hüllt dich ein und hält dich ganz geborgen … Stell dir nun vor, dass eine Farbe des Regenbogens ganz besonders kräftig und intensiv leuchtet … Welche Farbe ist das bei dir? … Genau diese Farbe wird deutlicher und kräftiger … Währenddessen verblassen die anderen Farben des Regenbogens, sodass nur noch diese eine Farbe ganz klar und deutlich um dich herum leuchtet … Lass diese Farbe auf dich wirken und überleg dir dabei, wieso es gerade diese Farbe ist … Was verbindest du mit dieser Farbe? … Und könnte es sein, dass diese Farbe dir etwas Bestimmtes mitteilen möchte? … Schau dir die Farbe noch eine Zeit lang an und lass sie in aller Ruhe auf dich wirken … (Machen Sie eine Pause von 60 bis 90 Sekunden Länge.)

Nun beende die Übung, indem du dich ausgiebig reckst und streckst und einige Male ganz tief ein- und ausatmest … Öffne dann nach deinem eigenen Tempo die Augen und kehre zurück in diesen Raum.

Hinweis

Farben haben eine besondere Wirkung auf unser Wohlbefinden und unsere Seele. Nicht umsonst werden Farben ganz gezielt zu vielen Werbezwecken eingesetzt. Besonders Kinder reagieren sehr intensiv auf kräftige Farben. Bei Lebensmitteln etwa ziehen sie die farbigen den farblosen deutlich vor.

Bei dieser Farbmeditation soll Ihr Kind die Wirkung der Farben auf seinen Körper spüren. Jedes Kind hat dabei eine ganz bestimmte Farbvorliebe und erlebt die Wirkung dieser speziellen Farbe. Vielleicht hat Ihr Kind Lust, über seine persönliche Farbe zu berichten und zu beschreiben, was es gerade mit dieser Farbe verbindet.

Ein kleiner Tipp

Nach dieser Farbmeditation bietet es sich geradezu an, das Kind ein Bild dazu malen oder einfach ganz frei mit Farben experimentieren zu lassen.

Komm mit auf eine kleine Reise!

Hier finden Sie eine Reihe von Geschichten, die Ihr Kind auf den Flügeln der Fantasie in ein wunderschönes Traumland mitnehmen. Dieses Land kann es ganz nach seinen Vorstellungen und Wünschen gestalten. Und wenn es von seiner Fantasiereise zurückkehrt, sind alle Anspannung und aller Stress von ihm abgefallen – garantiert!

Mit Fantasiereisen entspannen und Ängste abbauen

Fantasiereisen sind eine ganz wunderbare Möglichkeit, um Kindern zu helfen, sich gezielt zu entspannen und Ängste abzubauen. In diesen Geschichten ist jedes Kind der Held und spielt die Hauptrolle. Außerdem regen sie die Sinne an, sodass die Kinder sie mit Haut und Haaren durchleben. Die Kinder sollen nämlich nicht nur, wie bei einer normalen Vorlesegeschichte, zuhören, sondern sich in Gedanken alles ganz genau vorstellen: wie der Ort aussieht, an dem sie sich gerade befinden, welche Geräusche an diesem Ort zu hören sind, welche Gerüche

In der Fantasiegeschichte ist Ihr Kind stets der Held.

von diesem Ort ausgehen, was es dort alles zu fühlen und begreifen gibt …

Darüber hinaus bieten Fantasiereisen den Kindern zur jeweiligen Situation Lösungsmöglichkeiten an, die ihnen auch im Alltag helfen, auf bestimmte Probleme zu reagieren und damit umzugehen, anstatt ihnen hilflos gegenüberzustehen. Außerdem wird ihnen deutlich, dass sie ernst genommen werden, über ihre Ängste sprechen dürfen, ohne dass sich jemand darüber lustig macht, und dass sie nicht die Einzigen sind, die Probleme haben.

In Fantasiereisen lernen die Kinder, dass sie über ihre Ängste sprechen dürfen und ernst genommen werden.

Davon abgesehen helfen Fantasiereisen den Kindern, zur Ruhe zu kommen, abzuschalten und neue Kräfte zu sammeln. Die leeren Energiereserven werden auf diesen Traumreisen wieder aufgetankt und können bei Bedarf eingesetzt und genutzt werden.

In den folgenden Situationen können Fantasiereisen sinnvoll eingesetzt werden:

- bei Erschöpfungszuständen, Trägheit und Müdigkeit
- bei Nervosität und Unruhezuständen
- bei körperlicher Anspannung und leichten Verspannungen
- bei Konzentrationsschwierigkeiten und nachlassender Aufmerksamkeit
- bei Ängsten, Sorgen und Problemen
- wenn Kinder mutlos sind und wenig Selbstvertrauen haben.

Fantasiereisen können Kindern helfen,

- zur Ruhe zu kommen, abzuschalten, sich zu entspannen
- mutiger zu werden und selbstbewusst zu handeln
- Probleme, Ängste und Sorgen zur Sprache zu bringen und aktiv anzugehen sowie Lösungen zu finden
- ihre Leistungen durch verbesserte Konzentrationsfähigkeit und Aufmerksamkeit zu steigern
- das Immunsystem zu stärken
- mit Schmerzen besser umzugehen und schneller wieder gesund zu werden
- Spannungskopfschmerzen abzubauen
- Schlafstörungen in den Griff zu bekommen und vieles mehr.

Wichtiger Hinweis!

Fantasiereisen sind in den genannten Situationen äußerst hilfreich und können Beschwerden lindern oder teilweise sogar ganz beseitigen. Überbewerten darf man sie allerdings nicht, sie sind kein Allheilmittel.

Deshalb muss man ganz deutlich darauf hinweisen, dass der Einsatz von Fantasiereisen keinesfalls den Gang zum Arzt ersetzen kann, wenn das Kind unter körperlichen Beschwerden leidet. In diesem Fall sollte das Kind unbedingt vom Arzt untersucht und eine eventuelle körperliche Ursache abgeklärt werden.

Dennoch können Fantasiereisen selbstverständlich jederzeit problemlos begleitend zu einer ärztlichen Behandlung eingesetzt werden, ohne dass man dabei besondere Maßnahmen treffen müsste.

Tipps zum richtigen Erzählen von Fantasiereisen

- Schaffen Sie eine **behagliche Atmosphäre**, indem Sie den Raum leicht abdunkeln, für Ihr Kind Decke und Kissen bereitlegen und eine nette Kleinigkeit, etwa eine Kerze oder einen Blumenstrauß, in die Mitte des Raumes stellen. Das macht Ihrem Kind von vornherein deutlich, dass etwas Besonderes gemacht wird. Ihr Kind wird so außerdem schon eingestimmt und lässt sich eher auf die Ruhe und Entspannung ein.

- Bereiten auch Sie sich vor, indem Sie sich alles parat legen, was Sie an Material benötigen. Die ausgewählte Geschichte sollten Sie **vorher durchlesen**, damit Ihnen die Handlung vertraut ist und Sie sie eventuell kürzen oder ausschmücken können, je nachdem, ob Ihr Kind unruhig ist oder die Entspannung so richtig genießt.

- Sie haben für Ihr Kind stets die Vorbildfunktion. Deshalb sollten Sie sich für die Durchführung einer Fantasiereise ausreichend **Zeit nehmen** und diese nicht mal eben so zwischen Tür und Angel erzählen. Auch Sie selbst sollten vorher unbedingt zur Ruhe kommen und nicht direkt von einem stressigen Termin abgehetzt zu Ihrem Kind gehen. In diesem Fall wird es Ihnen nämlich nicht gelingen, dem Kind die nötige Ruhe zu vermitteln und es in die Entspannung zu führen.

  Machen Sie mit Ihrem Kind keine Fantasiereise, wenn Sie selbst abgehetzt und gestresst sind.

- Sie selbst legen sich niemals mit hin, sondern erzählen die Geschichte **im Sitzen**. Nur so haben Sie die Möglichkeit, Ihr Kind zu beobachten und sich eventuell zu ihm zu setzen, wenn es unruhig wird oder aus der Geschichte vorzeitig zurückkommt.

- Die Geschichten werden stets **mit ganz ruhiger, sanfter Stimme** vorgetragen. Zwischen den einzelnen Sätzen und Abschnitten müssen ausreichend Pausen gelassen werden, damit Ihr kleiner Zuhörer sich das Gesagte auch bildlich ausmalen kann.

- Sorgen Sie für **Ruhe**, informieren Sie alle Familienmitglieder und hängen Sie ein Schild an die Tür, auf dem etwa „Bitte nicht stören!" steht. Denn während dieser Entspannungsphase ist die gesamte Wahrnehmung extrem sensibel für alle Reize. Platzt jemand unerwartet in den Raum, ist die Entspannung dahin und Ihr Kind erschreckt sich mächtig!

- Bitte Sie Ihr Kind, sich auf den Rücken zu legen und während der Geschichte die **Augen** zu **schließen**. Aber zwingen Sie es nicht dazu. Wenn es seine Augen absolut nicht schließen möchte, soll es einen bestimmten Punkt an der Zimmerdecke fixieren. Das lenkt das Kind nicht ab und wird früher oder später dazu führen, dass ihm ganz von allein die Augen zufallen.

- Nach einer Fantasiereise sollte Ihr Kind immer die Möglichkeit erhalten, über seine Erfahrungen, Gefühle usw. zu **berichten**. Jedes Kind empfindet und erlebt nämlich ein und dieselbe Geschichte vollkommen anders. Außerdem zeigen Sie Ihrem Kind so, dass Sie es ernst nehmen und mit seinen Problemen und Gefühlen nicht alleine lassen. Zudem bleiben die Geschichten besser und länger in Erinnerung, wenn man sie aufarbeitet, und das Entspannungserlebnis wird intensiviert.

Wenn Sie Ihr Kind regelmäßig auf Fantasiereisen schicken, werden Sie merken, dass es einige Lieblingsgeschichten hat, die es immer und immer wieder hören möchte. Respektieren Sie diesen Wunsch, auch wenn Sie Ihrem Kind lieber etwas Neues erzählen würden. Aber die Wiederholungen bieten dem Kind enorme Sicherheit und Vertrauen. Auf diese Weise kann es sich wesentlich besser und schneller auf die Entspannung einlassen. Im Übrigen sei gesagt, dass Fantasiereisen nur dann zum Erfolg führen, wenn die Kinder regelmäßig Gelegenheit bekommen, diese zu erleben. Vom einmaligen Hören einer solchen Geschichte darf man keine Wunder erwarten. Nur die Regelmäßigkeit führt bei den Kindern zum gewünschten Erfolg.

Schicken Sie Ihr Kind regelmäßig auf Traumreise, denn nur so stellt sich der Erfolg ein.

Die Geschichte vom allerkleinsten Sonnenstrahl

Bitte lege (oder setze) dich nun ganz bequem hin und schließe deine Augen … Höre in dich hinein, ob dich wirklich nichts mehr stört oder dir unangenehm ist … Spüre noch einen Moment lang, wie dein Körper auf dem Boden liegt (oder auf dem Stuhl sitzt) und höre dann der Geschichte zu, die ich dir heute mitgebracht habe …

Stell dir einmal vor, du bist auf einer wunderschönen Wiese … Diese Wiese ist genau so, wie du sie dir schon immer in deinen Träumen gewünscht hast … Es wachsen nur die Blumen und Bäume dort, die du gerne hast … Das Gras leuchtet herrlich grün und sein wunderbarer Duft lässt dich ganz tief entspannen … Schau dich ruhig einen Moment auf deiner Wiese um und träume sie dir so, wie du es magst … (Machen Sie eine Pause von 60 bis 90 Sekunden Länge.)

Nun gehst du auf deiner Wiese spazieren … Es ist ein wunderschöner Tag … Der Himmel ist leuchtend blau und die warme Sonne strahlt auf dich und deine Wiese herunter … Unter deinen Füßen spürst du das Gras und du fühlst dich rundherum wohl und geborgen … Denn diese Wiese gefällt dir sehr gut … Das Schönste ist die Ruhe und Stille an diesem Ort … Die einzigen Geräusche, die du wahrnehmen kannst, sind ganz leise und angenehm … Wie das leise, zarte Zwitschern der Vögel, das aus einiger Entfernung in deine Ohren dringt … Außerdem kann man sich hier wunderbar ausruhen und von einem anstrengenden Schultag erholen … Deshalb suchst du dir einen schönen Platz auf deiner Wiese, an dem du dich ins weiche Gras legst und es dir ganz gemütlich machst … Du bist ganz ruhig und entspannt … In deinem Körper nimmst du ein angenehmes Gefühl von Schwere wahr, das dich noch besser entspannen lässt … Deine Arme und Beine sind schwer, ganz schwer… Ganz deutlich kannst du die Schwere in deinen Armen und Beinen spüren… Schwer und entspannt liegst du da … Die warmen Strahlen der Sonne wärmen deine Haut … Es fühlt sich an, als würden die Sonnenstrahlen dich sanft streicheln… Die angenehme Wärme verteilt sich in deinem ganzen Körper … Besonders warm fühlen sich deine Arme und Beine an… Beide Arme und Beine sind warm, strömend warm… Genieße die wohltuende Wärme in dir … (Machen Sie eine Pause von 30 bis 60 Sekunden Länge.)

Während du auf deiner Wiese liegst, denkst du daran, dass dir in der Schule oft eine tolle Idee fehlt … Zum Beispiel wenn du gerade einen Aufsatz schreiben musst oder dann, wenn der Lehrer eine Frage stellt und du eine passende, gute Antwort suchst … Plötzlich kitzelt dich ein klitzekleiner Sonnenstrahl an der Nase … Es ist der kleinste Sonnenstrahl, den du je gesehen hast … „Hey,“ sagst du zu ihm, „was machst du denn auf meiner Nase?“ Der kleine Sonnenstrahl fängst leise zu kichern an … „Und ich dachte, du wärst gerade auf der Suche nach guten Ideen gewesen“, sagt der kleine Sonnenstrahl zu dir. „Da dachte ich mir, dass ich dir etwas Licht ins Dunkel bringe. Dann wird dir das nächste Mal sicher viel, viel schneller eine gute Idee kommen. Was ist, kannst du mich gebrauchen?“ Erstaunt siehst du den kleinen Sonnenstrahl an. „Wieso eigentlich nicht, dein Angebot ist gar keine so schlechte Idee“, antwortest du ihm freundlich.

„Na, dann fang mich mit deinen Händen auf und verwahre mich gut! Das nächste Mal, wenn du nach einer Idee suchst, holst du mich einfach hervor und ich werde dir den Weg zu ihr leuchten.“ Und kaum hat der kleine Sonnenstrahl diesen Satz zu Ende gesprochen, da hast du ihn auch schon in deinen Händen. Überglücklich über deine Begegnung mit dem allerkleinsten Sonnenstrahl kehrst du nach Hause zurück … Du fühlst dich rundum entspannt und gut erholt …

Atme nun einige Male tief ein und aus, balle dann deine Hände zu festen Fäusten und rekele dich ausgiebig so lange, bis du dich wieder voller Kraft fühlst.

Der Zaubertrank, der mutig macht

Leg dich ganz bequem hin und mach es dir gemütlich … Wenn du dich ganz wohlfühlst, schließe einfach deine Augen und achte einen

Moment lang auf deinen Atem ... Ganz ruhig und regelmäßig fließt dein Atem in dir ...

Doch nun höre der Geschichte zu, die ich dir erzählen möchte ...

Wieder einmal bist du auf deiner Wiese ... Es ist einfach zu schön an diesem herrlichen Ort! ... Du genießt die Ruhe und Stille hier ... Besonders freut dich, dass es hier niemanden gibt, der dir sagt, was du zu tun und zu lassen hast ... Du kannst hier auf deiner Wiese einfach die Dinge tun, zu denen du Lust hast und die dir wichtig sind ... Weil dein Schultag aber heute sehr anstrengend gewesen ist, legst du dich erst einmal ins weiche, von der Sonne gewärmte Gras und lässt die Seele baumeln ...

Ganz ruhig und entspannt liegst du da... Du nimmt eine wohltuende, angenehme Schwere in dir wahr... Alles in dir ist schwer und entspannt ... Besonders gut spürst du die Schwere in deinen Armen und Beinen ... Beide Arme und Beine sind schwer, ganz schwer ... Die Sonne wärmt dich auf eine wunderbare Art und Weise ... Du spürst die vielen zarten Sonnenstrahlen und ihre wunderbare Wärme ... Die Wärme schenkt dir neue Kraft ... Beide Arme und Beine sind warm, strömend warm ... So liegst du eine Weile da und genießt die wohlige Wärme in dir ...

Viele Gedanken gehen dir durch den Kopf und mit einem Mal musst du daran denken, dass dir an manchen Tagen einfach der Mut fehlt ... Zum Beispiel neulich, als du alleine zu Hause warst ... Oder als die Lehrerin ein Kind nach vorne gebeten hat, um eine Aufgabe an der Tafel vorzurechnen ... Ganz schön blöd, denkst du, aber was soll ich nur machen, wenn mir der Mut dazu fehlt? ... So ziehen die Gedanken durch deinen Kopf, bis dich schließlich etwas an der Schulter anstupst ... „Hallo!", begrüßt dich mit ruhiger, ganz sanfter Stimme ein wunderschöner Schmetterling, dessen bunte Flügel im Licht der Sonne herrlich glitzern … „Ich glaub, ich kann dir weiterhelfen! Komm einfach hinter mir her." … Und bevor du dich noch darüber wundern kannst, dass dieser kleine Schmetterling zu dir gesprochen hat, fliegt er über die Wiese in die Richtung eines großen Baumes, der eine prächtige Krone hat … Du stehst auf und gehst dem freundlichen Schmetterling nach, bis du am Baum angekommen bist … „Schau hier!", sagt der Schmetterling und zeigt dir ein großes Loch im Baumstamm … Du gehst zu dem Loch hin und schaust hinein … Dort steht ein ganz kleines Fläschchen, auf dem drei Buchstaben stehen: MUT …

„Nimm dir die Flasche ruhig heraus. Sie wird dir weiterhelfen. Immer dann, wenn du wieder einmal eine tüchtige Portion Mut gebrauchen kannst, nimmst du einfach einen Schluck aus dem Fläschchen. Schon ein kleiner Schluck reicht aus. Nimm die Flasche mit nach Hause und verwahre sie gut. Wenn du das nächste Mal herkommst, kannst du mir erzählen, wobei sie dir geholfen hat. Komm gut heim!" … Und bevor du dem Schmetterling danken kannst, ist er auch schon verschwunden … Du verstaust die Flasche gut und sicher in deinen Sachen und kommst schließlich prima erholt und gut gelaunt nach Hause zurück …

Atme vorher ein paar Mal ein und aus … Recke, strecke und rekele dich, bis du dich wieder voller Kraft und Energie fühlst … Dann öffne auch deine Augen, wenn du bereit dazu bist.

1-2-3, alle Angst ist schnell vorbei

Mach es dir zuerst einmal so richtig gemütlich … Dann schließe deine Augen und spüre einen Moment lang den Boden unter dir …

Ganz ruhig und entspannt bist du nun … (Machen Sie eine Pause von etwa 30 Sekunden Länge.)

Sei ganz aufmerksam und lausche der Geschichte, die ich dir nun erzählen möchte …

Stell dir vor, du bist auf deiner Wiese … Du genießt die Ruhe und Stille hier und machst einen kleinen Spaziergang über die Wiese … Die Sonne steht hoch oben am wolkenlosen Himmel und schickt ihre warmen Strahlen auf dich und deine Wiese herab … Ganz wohl und geborgen fühlst du dich … Während du durch das weiche, warme Gras gehst, fühlst du dich glücklich und zufrieden … Du nimmst den wundersamen Duft der bunten Blumen wahr, die auf deiner Wiese wachsen … Der Duft lässt dich herrlich entspannen und alle Sorgen vergessen … (Machen Sie eine Pause von 30 bis 60 Sekunden Länge.)

Du hast einen gemütlichen Platz auf der Wiese entdeckt und machst es dir dort nach Herzenslust gemütlich. Du legst dich ins warme, weiche Gras und schließt die Augen, um neue Kraft zu tanken … Ganz ruhig und entspannt bist du mit einem Mal … In deinem Körper spürst du eine angenehme Schwere … Besonders deutlich spürst du die Schwere in deinen Armen und Beinen … Schwer, ganz schwer fühlen sich deine Arme und Beine an … Ganz schwer und entspannt liegt dein Körper da … Außerdem kannst du eine wohlige Wärme in dir spüren … Beide Arme und Beine sind warm, ganz warm … Du spürst, wie die Wärme durch deine Arme und Beine strömt … Wie gut sich das anfühlt! … Beide Arme und Beine sind warm … Die Wärme verteilt sich immer mehr, sodass du sie in deinem ganzen Körper wahrnehmen kannst … Das tut vielleicht gut! … Ganz ruhig und vollkommen entspannt liegst du nun da …

Bis du aus einiger Entfernung ein ganz leises Murmeln hörst ... Es hört sich fast so an, als würde jemand etwas sagen ... Neugierig gehst du dem Murmeln nach ... Beim Näherkommen kannst du das Murmeln deutlich verstehen: „1-2-3, alle Angst ist schnell vorbei – 1-2-3, alle Angst ist schnell vorbei – 1-2-3, alle Angst ist schnell vorbei." ... Immer und immer wieder hörst du diesen einen Satz ... „1-2-3, alle Angst ist schnell vorbei." Da siehst du einen kleinen Hasen im Gras sitzen ... Der kleine Hase sieht wirklich zu süß aus, wie er da mitten in den bunten Blumen hockt ... Du beginnst zu lachen ... „Wieso lachst du denn, findest du mich etwa komisch?", fragt der kleine Hase dich ganz ängstlich und eingeschüchtert ... „Nein", erwiderst du, „ich habe nur deine Stimme gehört und da bin ich neugierig geworden." ... „Und ich dachte schon, du lachst mich aus! Es ist nämlich nicht zum Lachen, dass ich solche Angst habe. Die anderen Hasen nennen mich schon den kleinen Angsthasen, weil ich mich einfach vor allem und jedem fürchte. Ein schlauer Igel gab mir den Rat, es mit dem Spruch ‚1-2-3, alle Angst ist schnell vorbei' zu versuchen. Wenn man dabei die Augen schließt, ein paar Mal ganz tief ein- und ausatmet und sich den Spruch sagt, soll plötzlich alle Angst verschwinden. Toll, nicht? Ich hab es schon ein paar Mal ausprobiert und es klappt tatsächlich! Doch jetzt muss ich weiterüben. Merke dir den Spruch gut, er wird gewiss auch dir helfen können!" „1-2-3, alle Angst ist schnell vorbei – 1-2-3, alle Angst ist schnell vorbei – 1-2-3, alle Angst ist schnell vorbei", hörst du den Hasen murmeln und dabei hoppelt er munter seines Weges ...

Den Satz werd ich mir sicher merken, denkst du ... Denn es gibt schließlich oft Situationen, in denen du Angst hast ... Und wenn man dann so einen Spruch kennt, kann das sicher nicht schaden ... 1-2-3, alle *Angst ist schnell vorbei – 1-2-3, alle Angst ist schnell vorbei – 1-2-3, alle Angst ist schnell vorbei,* denkst du auf deinem *Weg* und kehrst nach Hause zurück …

Bevor du die Übung nun beendest, überlege dir noch zwei oder drei Situationen, in denen du den Spruch „*1-2-3, alle Angst ist schnell vorbei*" gut gebrauchen kannst … *Wenn* du magst, kannst du dir den Satz gleich aufschreiben und ein Bild dazu malen …

Dann beende jetzt die Übung, indem du die Hände zu festen Fäusten ballst und ganz tief ein- und wieder ausatmest … *Wenn* du magst, kannst du dich noch tüchtig recken und strecken … Öffne auch die Augen wieder, wenn du dich bereit dazu fühlst.

Die Muschel der Konzentration

Such dir einen Platz, an dem du es dir gemütlich machen und dich hinlegen kannst … Schließe deine Augen und spüre einen Moment, wie dein Körper auf dem Boden liegt … Du bist ganz ruhig und vollkommen entspannt …

Stell dir nun vor, du liegst an einem wunderschönen Strand … *Ach,* ist das schön hier – herrlich, wie im Urlaub! Du schaust dich einen Moment um und fühlst dich sofort ganz wohl an diesem schönen Ort. Dann machst du es dir im warmen, weichen Sand bequem …

Dein Körper ist mit einem Mal angenehm schwer … Es ist eine angenehme Schwere … Besonders deutlich spürst du die Schwere in Armen und Beinen … Beide Arme und Beine sind schwer, ganz schwer … *Ja,* dein ganzer Körper ist schwer und entspannt …

Die Sonne wärmt mit ihren warmen Strahlen deinen Körper … Wohlige *Wärme* strömt durch deinen ganzen Körper … *Wie* gut das tut! … Du spürst, wie die *Wärme* dir neue Kraft schenkt …

Du fühlst dich rundherum wohl und geborgen ... Du schließt deine Augen und beginnst zu träumen ... (Machen Sie eine Pause von etwa 60 Sekunden Länge.)

Du sitzt in einem U-Boot und tauchst damit durchs weite blaue Meer ... Dabei genießt du den herrlichen Ausblick ... Du steuerst das U-Boot durch bunte, herrlich schimmernde Korallenbänke hindurch ... Immer wieder ziehen wunderschöne Fische an deinem Unterseeboot vorüber, deren Schuppenkleid in allen nur denkbaren Farben schillert ... Eine kleine, wunderschöne Meerjungfrau kommt auf dich zugeschwommen und winkt dir zu, dass du ihr folgen sollst ... Sie führt dich in einen wunderschönen Palast, der tief unten im Meer verborgen liegt ... Dieser Palast sieht einfach umwerfend aus ... Auf einer Empore leuchtet dir etwas in hellem Schein entgegen ... Als du mit deinem U-Boot näher kommst, erkennst du, dass der helle Schein von der schönsten Muschel ausgeht, die du jemals zu Gesicht bekommen hast ... Die Meerjungfrau nimmt diese Muschel vorsichtig in ihre Hände und hängt sie an eine kleine Kette ... Diese Kette befestigt sie sicher an deinem Unterseeboot, sodass sie dir während der Fahrt durch das weite Meer nicht verloren geht ... „Es ist eine besondere Muschel, musst du wissen", sagt die Meerjungfrau zum Abschied ... „Es ist die Muschel der Konzentration. Immer dann, wenn du dich überhaupt nicht mehr richtig konzentrieren kannst, nimmst du die Muschel der Konzentration in deine Hände. Sofort wird neue Konzentration in deinen Körper fließen und dir helfen, ganz aufmerksam zu sein. Verwahre die Muschel gut!" Nachdem sie diese Worte gesprochen hat, winkt dir die kleine Meerjungfrau freundlich zu und verschwindet hinter einer der zahlreichen Türen des Palastes ... Ein kleiner Schwarm bunter Fische zeigt dir den Weg zurück an den Strand, von dem aus du das weite Meer erkundet hast … (Machen Sie eine Pause von etwa 60 Sekunden Länge.)

Als du deine Augen wieder öffnest, spürst du die Kette mit der Muschel der Konzentration um deinen Hals … Überglücklich und wunderbar entspannt kehrst du nun wieder nach Hause zurück …

Recke und strecke dich, so gut du nur kannst … Atme dabei auch ganz tief ein und aus … Dann balle deine Hände zu Fäusten, damit du dich voller Kraft fühlst.

Der weise Baum

Leg dich ausgestreckt hin und mach es dir richtig gemütlich … Wenn du bequem liegst, schließe deine Augen … Atme ein paar Mal tief durch und lasse los …

Nimm Kontakt zum Boden auf und spüre, wie du auf dem Boden liegst und dein Körper den Boden berührt … Du bist nun vollkommen ruhig und entspannt …

Stell dir vor, du stehst vor einem wunderschönen Baum mit einer prächtigen Baumkrone … Dieser Baum ist schon sehr alt und hat viel, sehr viel erlebt … Im Laufe der Jahre hat er sich viel Wissen angeeignet und wichtige Dinge von den Menschen gelernt … Aus diesem Grund nennt man ihn auch den weisen Baum, der auf alles eine Antwort weiß … Wenn du magst, kannst du dem weisen Baum eine Frage stellen, auf die du gerne eine Antwort wüsstest oder die dich schon lange beschäftigt … Welche Frage möchtest du dem weisen Baum stellen? … Was willst du von ihm wissen? … (Machen Sie eine Pause von 30 bis 60 Sekunden Länge.)

Und nun stelle dem Baum deine Frage … (Machen Sie eine Pause von 30 Sekunden Länge.)

Der weise Baum überlegt und sagt freundlich: „Eine wirklich gute Frage! Lass mich einen Moment nachdenken, bevor ich dir eine Antwort gebe!" Der Baum denkt eine Weile nach und flüstert dir die Antwort so leise ins Ohr, dass nur du sie hören kannst … (Machen Sie eine Pause von 30 Sekunden Länge.)

Die Antwort macht dich fröhlich und du spürst, wie dir ganz leicht ums Herz wird. So machst du es dir unter dem weisen Baum ganz gemütlich, um dich etwas auszuruhen. Du bist ganz ruhig und entspannt … Deine Arme und Beine fühlen sich schwer an, angenehm schwer … Die Schwere in Armen und Beinen kannst du ganz deutlich spüren … Ganz schwer und wunderbar entspannt liegst du da …

Du kannst in deinen Armen und Beinen eine angenehme Wärme spüren … Ganz wohlig warm fühlst du dich, während du deutlich spürst, wie die Wärme durch deine Arme und Beine strömt … Beide Arme und Beine sind warm, strömend warm … Die Wärme schenkt dir ganz viel neue Kraft und du freust dich, dass sich die angenehme Wärme immer mehr in deinem Körper ausbreitet und alles wärmt …

Schließlich fühlst du dich rundum gut erholt und entspannt. Nun dankst du dem weisen Baum und machst dich auf den Weg zurück in diesen Raum … Wenn du möchtest, kannst du nachher von deiner Begegnung mit dem weisen Baum erzählen … Dann öffne jetzt nach deinem eigenen Tempo deine Augen wieder.

So mag ich die Schule

Mach es dir nun einmal richtig gemütlich und leg dich hin … Dann schließe deine Augen, damit du dir besser vorstellen kannst, was ich erzähle … Spüre vorher noch einen Augenblick den Boden unter dir … Ganz schwer und entspannt liegt dein Körper auf dem Boden …

Stelle dir nun einmal vor, dass du dich wieder auf deiner schönen Wiese befindest … Du hast dir einen schönen Platz gesucht, an dem du es dir ganz bequem gemacht hast, und schaust in den blauen Himmel, an dem die warme Sonne hell und freundlich leuchtet …

So liegst du ganz ruhig und entspannt da und lässt einen Moment die Seele baumeln. Deine Arme und Beine fühlen sich schwer an … Eine angenehme Schwere spürst du in deinen Armen und Beinen … Beide Arme und Beine sind schwer … Ja, dein ganzer Körper ist schwer und entspannt … In deinen Armen und Beinen nimmst du eine wohlige Wärme wahr … Wunderbar warm fühlen sich deine Arme und Beine an … Die Wärme strömt durch deinen ganzen Körper hindurch … So fühlst du dich rundherum warm und ganz geborgen …

Plötzlich siehst du neben dir, zwischen den bunten Blumen, einen kleinen Zauberstab liegen … Du nimmst den Zauberstab in deine Hand und schaust ihn dir an … Schwupps, hüpft der Zauberstab dir aus der Hand und malt mit großen, deutlichen und ganz bunten Buchstaben in die Luft: „VERZAUBERE DEINE SCHULE!" Gute Idee, geht es dir sofort durch den Kopf, und schon hältst du den pfiffigen Zauberstab wieder in deiner Hand … Du brauchst nicht lange zu überlegen, da weißt du schon, wie du die Schule gerne haben möchtest, damit sie dir gefällt … Und so zauberst du, was das Zeug hält, eine Sache nach der nächsten, bis deine Schule so traumhaft toll ist, wie du dir sie niemals hättest vorstellen können … Schau dir alles noch einmal ganz genau an, was du verzaubert hast … Vielleicht fällt dir dabei noch das eine oder andere ein, was du noch besser verzaubern und somit schöner machen kannst … Lass dir ruhig so viel Zeit dazu, wie du brauchst … (Machen Sie eine Pause von mindestens 90 Sekunden Länge.)

So, nun hast du dir deine Traumschule gezaubert … Wenn du Lust hast, kannst du mir gleich erzählen, wie du dir deine Schule gezaubert hast, damit du sie magst und gerne hast …

Beende nun die Übung nach deinem eigenen Tempo, indem du tief ein- und ausatmest … Dich reckst und streckst … Bis du dich wieder vollkommen frisch und voller Kraft fühlst.

Ich mal mir mein Klassenzimmer

Leg dich nun ganz bequem hin und schließe deine Augen … Nimm erst einmal Kontakt zum Boden auf und spüre, wie dein Körper auf dem Boden liegt und ihn berührt …

Ganz ruhig und entspannt liegst du da … Alle Gedanken und alles, was dir gerade im Kopf herumschwirrt, lässt du wie Wolken am blauen Himmel davonziehen …

Nichts stört dich mehr und du spürst eine angenehme Schwere in deinen Armen und Beinen … Ganz schwer fühlen sich deine Arme und Beine an … Es ist eine wohltuende Schwere, die du in deinem ganzen Körper spüren kannst …

Dann merkst du eine strömende Wärme in dir … Ganz besonders warm fühlen sich deine Arme und Beine an … Beide Arme und Beine sind warm, wohlig warm … Die Wärme gibt dir neue Kraft … Du fühlst dich wunderbar warm, geschützt und ganz geborgen … Du genießt dieses Gefühl in vollen Zügen …

Stell dir jetzt mal vor, du hast einen riesigen Zauberfarbkasten mit allen Farben des Regenbogens und viele Pinsel … Mit diesem tollen Zauberfarbkasten darfst du nun dein Klassenzimmer anmalen und verschönern … Überleg dir vorher, wie du dein Klassenzimmer gerne hättest … Denn in diesem Raum hältst du dich schließlich die meiste

Zeit auf, wenn du vormittags in der Schule bist ... Ganz toll soll dein Klassenzimmer werden, so viel steht fest ... Und da kommen dir schon die ersten Ideen ... (Machen Sie eine Pause von etwa 60 Sekunden Länge.)

Nun greif zu den Pinseln und deinem Zauberfarbkasten ... Male alles so, wie du es dir erträumst ... Verwirkliche nur das, was dir wirklich gefällt ... Was andere dazu sagen, spielt keine Rolle und ist völlig unwichtig ... Du malst und pinselst mit deinem Zauberfarbkasten, was das Zeug hält ...

(Machen Sie eine Pause von ein bis drei Minuten Länge. An dieser Stelle können Sie ganz leise meditative Musik einspielen, die Ihr Kind zusätzlich inspiriert.)

Fertig ist es, dein ganz persönliches Klassenzimmer ... Es ist wirklich toll geworden! ... Wenn du Lust dazu hast, kannst du es gleich auch auf ein Blatt Papier malen, damit es dir in Erinnerung bleibt ...

Nimm die Übung jetzt zurück, indem du tief ein- und ausatmest und dich dabei kräftig reckst und streckst ... Wenn du magst, kann du auch laut gähnen, um wieder ganz fit zu werden ... Und dann öffne auch die Augen.

Hilfreiche Aromaöle

Wenn Sie die Wirkung der Übungen in diesem Buch noch zusätzlich unterstützen möchten, bieten sich Aromaöle an, die bei Ihrem Kind je nach Bedarf die Konzentration fördern oder aber beim Loslassen und Entspannen helfen.

Wie Aromatherapie wirkt

Sicher kennen auch Sie die Situation, dass ein bestimmter Geruch eine Reaktion im Körper hervorruft. Gerüche, Düfte haben einen Einfluss auf unser körperliches Befinden. Es gibt bestimmte Düfte, die wir als sehr angenehm empfinden, aber auch Gerüche, die Ekel in uns hervorrufen oder die wir als höchst unangenehm von uns weisen. Das Wissen um solche Reaktionen hat sich die Aromatherapie zunutze gemacht.

Angenehme Düfte haben großen Einfluss auf unser körperliches Wohlbefinden.

Sie zeigt Duftrichtungen auf, die uns beispielsweise dabei helfen, abzuschalten, loszulassen und richtig ausgiebig zu entspannen. Aber es gibt auch Düfte, die besonders gut geeignet sind, die Konzentration zu fördern und dafür zu sorgen, dass man sich wieder frisch und munter fühlt.

Die Nase ist eines der feinsten und sensibelsten Sinnesorgane, über die unser Körper verfügt. Wenn wir einen Geruch wahrnehmen, strömt er durch unsere Nase ein und gelangt zur sogenannten Riechschleimhaut. Diese sitzt genau zwischen unseren Augen, oberhalb der Nase. Auf dieser Riechschleimhaut befinden sich mehr als zehn Millionen Nervenzellen, auf denen sich jeweils sechs bis acht Flimmerhärchen befinden. Diese Härchen nehmen die Molekularstruktur des Duftes wahr und geben die Information an unser Gehirn weiter, das schließlich eine Reaktion in uns hervorruft.

Passende Öle kann man sich für jede Situation individuell selbst zusammenstellen. Wichtig dabei ist jedoch, dass man ausschließlich naturreine ätherische Öle benutzt. Denn nur diese besitzen die gewünschte Molekularstruktur, die auf unseren Körper Einfluss nehmen kann. Solche Öle gibt es beispielsweise von der Firma Primavera in Naturkostläden, Apotheken und Reformhäusern oder im Internet etwa unter www.essence.de.

Nur zu 100 Prozent naturreine ätherische Öle entfalten die gewünschte Wirkung.

Wie man Aromaöle einsetzt

Ätherische Öle kann man auf verschiedene Arten anwenden. Man kann sie in der Duftlampe oder in heißem Wasser verdunsten lassen und sie in Massageölen und als Badezusatz verwenden. Dabei gilt es jedoch einiges zu beachten.

- Achten Sie beim Kauf einer **Duftlampe** darauf, dass diese eine Höhe von mindestens 20 Zentimetern hat. Denn sonst wird das Wasser, in das das Duftöl geträufelt wird, schnell zu heiß und die wertvollen Duftmoleküle werden zerstört. Füllen Sie die Duftlampe vor jedem Gebrauch mit frischem Wasser auf und träufeln Sie zwei bis drei Tropfen des von Ihnen ausgewählten Öls darauf. Bedenken Sie, dass schon ein Tropfen seine volle Wirkung entfaltet und weniger mehr ist!

- Wenn Sie keine Duftlampe zur Verfügung haben, können Sie stattdessen einfach auch eine **Schale mit Wasser** auf die Heizung stellen und etwas Öl hineintropfen. Durch die aufsteigende Wärme verteilt sich der Duft auch auf diese Weise. Oder aber Sie legen ein feuchtes Taschentuch auf die Heizung und träufeln ein paar Tropfen Öl darauf.

- Verwendet man Aromaöle als **Badezusatz**, gibt man etwa 10 bis 15 Tropfen Öl auf einen Becher Sahne (diese wirkt als Emulgator und verbindet das Öl mit dem Wasser). Hierbei wird der Duft auch zusätzlich über die Haut vom Körper aufgenommen, was die Wirkung positiv verstärkt.

- Als **Massageöl** eignet sich ein neutrales Öl, wie beispielsweise Sonnenblumenöl, Mandelöl oder Jojobaöl. Auf jeweils 10 Milliliter Massageöl gibt man etwa einen bis maximal zwei Tropfen Aromaöl. Dieses Massageöl sollten Sie in einer dunklen Flasche luftdicht und lichtgeschützt aufbewahren.

Aromaöle für mehr Konzentration

Ausgewählte Aromaöle, die (nicht nur) Kindern helfen, wieder ganz frisch, aufmerksam und konzentriert zu sein:

- Zitrone
- Bergamotte
- Lemongrass
- Minze (Davon kann man beispielsweise vor den Hausaufgaben jeweils einen Tropfen auf die Schläfen reiben. Dies macht den Kopf sofort frei. Aber achten Sie darauf, dass das Öl nicht in die Nähe der Augen kommt, es brennt wirklich fürchterlich!)
- Eisenkraut
- Rote Mandarine
- Pampelmuse

Entspannende Aromaöle

Ausgewählte Aromaöle, die (nicht nur) Kindern helfen, abzuschalten, zur Ruhe zu kommen und sich zu entspannen:

- Lavendel
- Melisse
- Orange
- Vanille
- Neroli
- Rose
- Ylang-Ylang

Eine wichtige Kleinigkeit zum Schluss

Einige Übungen scheinen Ihnen auf den ersten Blick vielleicht recht zeitaufwendig zu sein. So viel Zeit kann ich zu Hause nicht investieren, schließlich habe ich noch andere Kinder zu versorgen und meine Hausarbeit zu erledigen, mag es Ihnen bei der Lektüre der einführenden Texte, der Übungen und der zahlreichen Hinweise durch den Kopf gegangen sein. Das ist sicher richtig. Dennoch ist es außerordentlich wichtig, dass Sie diese Einführungen und Anmerkungen aufmerksam durchlesen. Denn so ersparen Sie sich unnötigen Ärger, wenn etwas bei der Durchführung nicht so klappt, wie Sie es sich vorgestellt haben. Sie bekommen darin hilfreiche Tipps, wie die Übungen garantiert gelingen und allen Beteiligten Spaß machen.

Überdies sei angemerkt, dass gerade bei Entspannungs- und ähnlichen Übungen Ihre Zeit besonders wertvoll investiert ist. Nicht umsonst bekomme ich bei meinen Elternabenden und Fortbildungen mit Pädagogen und Pädagoginnen immer wieder zu hören, dass es sich gelohnt hat. Denn man kann im Anschluss an eine solche Übung wirklich mit aufmerksamen, lernwilligen und konzentrierten Kindern weiterarbeiten. Außerdem zeigt man den Kindern dadurch, dass man sich die Zeit dafür nimmt, dass man die Kinder ernst nimmt und sie erfolgreich unterstützen und ihnen helfen möchte.

Ihr Kind oder Ihre Kinder werden die lästigen Hausaufgaben, die sich bisher ewig lange hingezogen haben, weil sie müde, ausgepowert und unaufmerksam waren, auf einmal ohne Probleme erledigen. Denn sie schöpfen durch die in diesem Buch vorgestellten Übungen nicht nur neue Kraft und Energien, sie trainieren darüber hinaus ihr Gedächtnis, die Konzentrationsfähigkeit und haben wieder Spaß am Lernen. Das sollte doch Grund genug sein, oder?

Ich hoffe, Sie haben unter der Vielzahl von Anregungen, Tipps, Spielen und Ideen etwas Passendes für Ihr Kind und Ihren Alltag gefunden. In jedem Fall wünsche ich Ihnen und Ihrem Kind beziehungsweise Ihren Kindern zum Schluss noch einmal gutes Gelingen, viel Erfolg und ein ganz entspanntes Lernen!

Mit entspannten Grüßen
Ihre
Sabine Seyffert

Anhang

Weitere Bücher zum Thema Entspannung für Kinder

Bücher zum Thema Massage

- Viele kleine Streichelhände. Kinder massieren Kinder. Sabine Seyffert/Menschenkinder Verlag
- Zärtliche Eltern. Wie Kinder Nähe erfahren und Freude am eigenen Körper erleben. Marcella Barth/Herder Verlag

Bücher mit Fantasiereisen zum Entspannen

- Heute Regen, morgen Sonne. Entspannungsgeschichten rund um die Gefühle. Sabine Seyffert/Arena Verlag
- Meine Insel der Stille. ntspannungsgeschichten für Zappelkinder. Sabine Seyffert/Arena Verlag
- Komm mit ins Regenbogenland. Phantasiereisen, Entspannungsrätsel und Gute-Nacht-Geschichten. Sabine Seyffert/Kösel Verlag

Ratgeber

- Jedes Kind kann sich entspannen. Der Ratgeber für Eltern von Grundschulkindern. Sabine Seyffert/humboldt Verlag
- Bald schon kommt der Sandmann. Mit Ritualen, Spielen, Geschichten & Massagen zum Einschlafen und Träumen. Sabine Seyffert/Kösel Verlag

Aromatherapie

- Himmlische Düfte. Das große Buch der Aromatherapie. Susanne Fischer-Rizzi/AT Verlag

Beschäftigungsbücher

- Von Frühlingstanz bis Schneeflockenmassage. Bewegen und entspannen in Kindergarten, Hort und Grundschule. Sabine Seyffert/Cornelsen Verlag
- Ein Himmel voller Luftballons. Spiele mit Luftballons zum Toben, Entspannen und Träumen. Sabine Seyffert/ Menschenkinder Verlag
- Schmusekissen Kissenschlacht. Spiele zum Toben und Entspannen. Annette Breucker/Ökotopia Verlag

Spiele

- Mucksmäuschenstill. Ein ganz „leises" Geschicklichkeitsspiel. Für Kinder ab 5 Jahren. HABA
- Planet der Sinne. Spielesammlung zur Wahrnehmungsförderung. Für Kinder ab 4 Jahren. HABA
- 3 x 4 = Klatsch. Für Kinder ab 8 Jahren. HABA
- Grashüpfer im Zahlenland. Für Kinder ab 4 Jahren. HABA
- 6 nimmt!. Für Kinder ab 8 Jahren. Wolfgang Kramer/ Amigo
- Ligretto. Für Kinder ab 8 Jahren. Schmidt Spiele

Tonträger

- Lieder aus der Stille. Klangbilder und Meditationen für Kinder. Ab 5 Jahren. Dorothee Kreusch-Jacob/Patmos Verlag
- And Winter came. Enya/Warner Music International. A day without Rain. Enya/Wea International
- Flötenzauber. Hans-Jürgen Hufeisen/Edel
- Heute tanzen wir. Klaus W. Hoffmann/Patmos Verlag
- Himmel, Sonne, Wind und Regen. Nena/Wildschuetz Verlag
- Nena macht Rabatz. Nena/Universal Familiy/Oetinger
- Meditation für Kinder. Christine Sautter/Ch. Falk-Verlag
- The Land of Enchantment. Deuter/Kuckuck Verlag

Seminare mit der Autorin

Wer Interesse an Veranstaltungen, Kursen und Seminaren mit der Autorin hat, kann sich schriftlich an folgende Adresse wenden:

Praxis für Entspannungspädagogik & Kreativität
Sabine Seyffert
Staatlich anerkannte Erzieherin
Entspannungspädagogin
Psychologische Beraterin
Postfach 110523, 42305 Wuppertal
www.sabine-seyffert.de
Bitte legen Sie 2,20 EUR in Briefmarken für die Rücksendung bei – vielen Dank!

humboldt

...bringt es auf den Punkt.

Sabine Seyffert

Jedes Kind kann sich entspannen

Der Ratgeber für Eltern von Grundschulkindern

Mehr Gelassenheit durch Entspannungsspiele

Mit Übungen, Massagen und Fantasiereisen

humboldt – Eltern & Kind
208 Seiten, 12,5 x 18,0 cm, Broschur
ISBN 978-3-86910-611-3
€ 9,95

„Spiele, Übungen, Massagen, Fantasiereisen, Ideen zum Wutabbauen: Sabine Seyffert zeigt Eltern, wie sie mit einfachen Übungen ihren Kindern dabei helfen können, sich wahlweise auszutoben oder entspannt zur Ruhe zu kommen. Wichtig war ihr beim Schreiben, ausschließlich Ideen aufzuführen, die leicht umzusetzen sind. Der Ratgeber wendet sich an Eltern von Grundschulkindern."

Stuttgarter Nachrichten

Die Autorin

Sabine Seyffert ist staatlich anerkannte Erzieherin, Entspannungspädagogin und psychologische Beraterin. Sie führt in Wuppertal eine Praxis für Entspannungspädagogik, bietet seit über zehn Jahren Kurse und Fortbildungen an und bildet Entspannungspädagogen aus. Sie zählt, auch durch über 50 Buchveröffentlichungen, zu den renommiertesten Experten für Kinderentspannung.